Solomon Schechter Day Schools
מתו"ק
Bible Curriculum
- מֵיזָם תנכ"י קונסרבטיבי

CET
Learning
Environments

פָּרָשַׁת שְׁמוֹת

חוֹבֶרֶת לְמִידָה

MaToK: The Bible Curriculum Project of the Solomon Schechter Day Schools
A joint project of
The United Synagogue of Conservative Judaism and
The Jewish Theological Seminary of America
MaToK is made possible by a generous grant from the
Jim Joseph Foundation

Project Directors:
Dr. Robert Abramson, Director
Department of Education, United Synagogue of Conservative Judaism

Dr. Steven M. Brown, Director (1998-2008)
Melton Research Center for Jewish Education
The Jewish Theological Seminary of America

Dr. Barry Holtz, Director (2008-   )
Melton Research Center for Jewish Education
The Jewish Theological Seminary of America

Dr. Deborah Uchill Miller, Project Director and Editor

All correspondence and inquiries should be directed to the Department
of Education, United Synagogue of Conservative Judaism,
155 Fifth Ave., NY, NY 10010

●

Edited and Produced by CET-LE Team:

Project Director and Pedagogical Editor: Zohar Harkov
Linguistic Editor: Shoshi Miran

Graphic Designer: Yael Rimon
Illustrations: Avi Katz, Art & Illstration from Israel
(pages 6-7: Udi Taub, Studio Aesthetics)
Computers and DTP Assistance: Roni Meiron

Publishing Coordinator: Gadi Nachmias

CET-LE Learning Environments, for the home (2002) Ltd, 16 Klausner St.
P.O.B. 39513, Tel-Aviv 61394, Israel
Tel. 972-3-6460165, http://www.cet.ac.il

ISBN: 978-0-8381-0085-1

We gratefully acknowledge the guidance of The MaToK Deliberation Team:

Charlotte Abramson, Solomon Schechter Day School of Essex and Union
Dr. Bonnie Botel-Sheppard, Penn-Literacy Network
Rabbi Neil Gillman, Jewish Theological Seminary of America
Charlotte Glass, Solomon Schechter Day Schools of Chicago
Dr. Tikva Frymer-Kensky (z"l), University of Chicago
Dr. Kathryn Hirsh-Pasek, Temple University
Dr. Steven Lorch, Solomon Schechter Day Schools of Manhattan
Dr. Ora Horn Prouser, Academy for Jewish Religion, New York
Rabbi Benjamin Scolnic, Temple Beth Sholom, Hamden, CT

Curriculum Writers:

Associate Editors: Marcia Lapidus Kaunfer
Ellen J. Rank

Charlotte Abramson
Gila Azrad
Rabbi Greta Brown
Mimi Brandwein
Heather Fiedler
Rebecca Friedman
Orly Gonen
Rabbi Pamela Gottfried
Penina Grossberg
Sally Hendelman

Rabbi Brad Horwitz
Rabbi Elana Kanter
Naamit Kurshan
Dr. Deborah Uchill Miller
Ellen Rank
Ami Sabari
Rabbi Jon Spira-Savett
Miriam Taub
Laura Wiseman

Artwork: Experimental edition
Arielle Miller-Timen, Karen Ostrove
Translation:
Ruthie Bashan, Mira Bashan

תֹּכֶן הָעִנְיָנִים

שְׁמוֹת

פָּרָשַׁת שְׁמוֹת

בֵּין סֵפֶר בְּרֵאשִׁית לְסֵפֶר שְׁמוֹת

לָמָה בָּאוּ בְּנֵי יִשְׂרָאֵל לְמִצְרַיִם?

ה׳ אָמַר לְאַבְרָהָם:

...גֵר יִהְיֶה זַרְעֲךָ
בְּאֶרֶץ לֹא לָהֶם
וַעֲבָדוּם וְעִנּוּ אֹתָם
אַרְבַּע מֵאוֹת שָׁנָה.

(בְּרֵאשִׁית פֶּרֶק ט״ו פָּסוּק י״ג)

- מִפָּסוּק זֶה אֲנַחְנוּ לוֹמְדִים

שֶׁהַבָּנִים וּבְנֵי הַבָּנִים שֶׁל __________ יִהְיוּ גֵּרִים בְּ__________ לֹא שֶׁלָּהֶם.

הֵם יִהְיוּ שָׁם __________ שָׁנָה.

- לְפִי הַפָּסוּק הַזֶּה בְּנֵי יִשְׂרָאֵל בָּאוּ לְמִצְרַיִם כִּי __________

____

יוֹסֵף אָמַר לְיַעֲקֹב:

...שָׂמַנִי אֱ-לֹהִים לְאָדוֹן
לְכָל-מִצְרָיִם, רְדָה אֵלַי...

(בְּרֵאשִׁית פֶּרֶק מ"ה פָּסוּק ט')

פַּרְעֹה אָמַר לְיוֹסֵף:

settle
...הוֹשֵׁב אֶת-אָבִיךָ וְאֶת-אַחֶיךָ
יֵשְׁבוּ בְּאֶרֶץ גֹּשֶׁן (מצרים)...

(בְּרֵאשִׁית פֶּרֶק מ"ז פָּסוּק ו')

- מִפְּסוּקִים אֵלֶּה אֲנַחְנוּ לוֹמְדִים

שֶׁ__________ וְ__________ הִזְמִינוּ אֶת הַמִּשְׁפָּחָה שֶׁל יַעֲקֹב
לָבוֹא לְמִצְרַיִם וְלָשֶׁבֶת בָּהּ.

- שֶׁבְּנֵי יִשְׂרָאֵל בָּאוּ לְמִצְרַיִם כִּי ____________________

פֶּרֶק א׳ פְּסוּקִים א׳–ז׳

אֵיךְ נַעֲשׂוּ הַבָּנִים שֶׁל יִשְׂרָאֵל מִמִּשְׁפָּחָה לְעָם?

א׳ וְאֵלֶּה שְׁמוֹת בְּנֵי יִשְׂרָאֵל הַבָּאִים מִצְרָיְמָה,
אֵת[1] יַעֲקֹב אִישׁ וּבֵיתוֹ בָּאוּ.

ב׳ רְאוּבֵן שִׁמְעוֹן לֵוִי וִיהוּדָה.

ג׳ יִשָּׂשכָר זְבוּלֻן וּבִנְיָמִן.

ד׳ דָּן וְנַפְתָּלִי גָּד וְאָשֵׁר.

ה׳ וַיְהִי כָּל–נֶפֶשׁ[2] יֹצְאֵי יֶרֶךְ[3] יַעֲקֹב שִׁבְעִים נָפֶשׁ,
וְיוֹסֵף הָיָה בְמִצְרָיִם.

1 **אֵת:** עִם

2 **נֶפֶשׁ:** אִישׁ

3 **יֹצְאֵי יֶרֶךְ:** descendants of

ו׳ וַיָּמָת יוֹסֵף וְכָל–אֶחָיו[4] וְכֹל הַדּוֹר הַהוּא.

ז׳ וּבְנֵי יִשְׂרָאֵל
פָּרוּ[5]
וַיִּשְׁרְצוּ[6]
וַיִּרְבּוּ[7]
וַיַּעַצְמוּ[8] בִּמְאֹד מְאֹד,
וַתִּמָּלֵא הָאָרֶץ אֹתָם[9].

4 **אֶחָיו:** הָאַחִים שֶׁלּוֹ

5 **פָּרוּ:** they were fruitful

6 **וַיִּשְׁרְצוּ:** הֵם שָׁרְצוּ they swarmed

7 **וַיִּרְבּוּ** (ר–ו–ב): הֵם הָיוּ רַבִּים
they multiplied

8 **וַיַּעַצְמוּ** (ע–צ–מ): they increased

9 **וַתִּמָּלֵא** (מ–ל–א) **הָאָרֶץ אֹתָם:**
the land was filled with them

קְרִיאָה מְרַפְרֶפֶת (פְּסוּקִים א׳-ז׳)

בנ״י = בְּנֵי יִשְׂרָאֵל

בְּבַקָּשָׁה:

1 **סַמְּנוּ** בְּצֶבַע כָּחֹל אֶת הַשֵּׁמוֹת שֶׁל בנ״י שֶׁבָּאוּ לְמִצְרַיִם.

לְמִצְרַיִם בָּאוּ בְּסַךְ הַכֹּל ______ נֶפֶשׁ. (פָּסוּק ה׳)

- **סַמְּנוּ** בְּצֶבַע יָרֹק אֶת הַבִּיטּוּי הַחוֹזֵר שֶׁבַּמִּסְגֶּרֶת.
- **כִּתְבוּ** בְּקִצּוּר בְּתוֹךְ הַמִּסְגֶּרֶת מָה קָרָה לִבנ״י. (פְּסוּקִים א׳-ז׳)

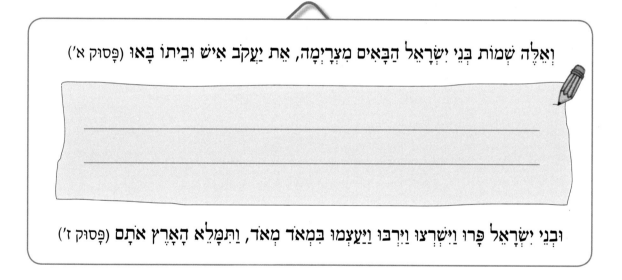

briefly

וְאֵלֶּה שְׁמוֹת בְּנֵי יִשְׂרָאֵל הַבָּאִים מִצְרָיְמָה, אֵת יַעֲקֹב אִישׁ וּבֵיתוֹ בָּאוּ (פָּסוּק א׳)

______

______

וּבְנֵי יִשְׂרָאֵל פָּרוּ וַיִּשְׁרְצוּ וַיִּרְבּוּ וַיַּעַצְמוּ בִּמְאֹד מְאֹד, וַתִּמָּלֵא הָאָרֶץ אֹתָם (פָּסוּק ז׳)

2 מִי מֵת בְּמִצְרַיִם? (פָּסוּק ו׳) ______

3 **סַמְּנוּ** בְּצֶבַע צָהֹב אֶת כָּל הַפְּעָלִים שֶׁבְּפָסוּק ז׳. סַךְ הַכֹּל ______ פְּעָלִים.

קְרִיאָה מַעֲמִיקָה (פְּסוּקִים א׳–ז׳)

1 **כִּתְבוּ** אֶת הַמִּלִּים הַדּוֹמוֹת.

בִּבְרֵאשִׁית פֶּרֶק י״ז ה׳ הִבְטִיחַ לְאַבְרָהָם:	בִּשְׁמוֹת פֶּרֶק א׳ פָּסוּק ז׳ כָּתוּב עַל בנ״י:
אוֹתְךָ בִּמְאֹד מְאֹד (פָּסוּק ב׳)	
אוֹתְךָ בִּמְאֹד מְאֹד (פָּסוּק ו׳)	

1א. מָה לוֹמְדִים מִזֶּה עַל ה׳?

____

2 בְּסֵפֶר בְּרֵאשִׁית נִבְרָא (was created) הָעוֹלָם.

מָה ״נִבְרָא״ בְּהַתְחָלַת פָּרָשַׁת שְׁמוֹת? ______________________

3 מִי גָּרַם (caused) לְכָךְ שֶׁבנ״י יִהְיוּ רַבִּים כָּל כָּךְ, לְדַעְתְּכֶם? ______________________

בַּחֲרוּ צִטּוּט מַתְאִים לַכּוֹתֶרֶת וְכִתְבוּ בְּעַמּוּד 8

פֶּרֶק א׳ פְּסוּקִים ח׳–י׳

לָמָּה שִׁנָּה מֶלֶךְ מִצְרַיִם אֶת הַיַּחַס לִבְנֵי יִשְׂרָאֵל?

ח׳ וַיָּקָם[1] מֶלֶךְ–חָדָשׁ עַל–מִצְרָיִם,
אֲשֶׁר לֹא–יָדַע אֶת–יוֹסֵף.

ט׳ וַיֹּאמֶר אֶל–עַמּוֹ:
״הִנֵּה עַם בְּנֵי יִשְׂרָאֵל רַב וְעָצוּם מִמֶּנּוּ[2].

י׳ הָבָה נִתְחַכְּמָה[3] לוֹ,
פֶּן[4]–יִרְבֶּה
וְהָיָה כִּי–תִקְרֶאנָה[5] מִלְחָמָה[6]
וְנוֹסַף[7] גַּם–הוּא עַל–שֹׂנְאֵינוּ[8]
וְנִלְחַם[9]–בָּנוּ
וְעָלָה מִן–הָאָרֶץ.״

1 **וַיָּקָם** (ק–ו–מ): קָם arose
2 **עָצוּם מִמֶּנּוּ:** greater than us
3 **הָבָה נִתְחַכְּמָה** (ח–כ–מ): let us deal shrewdly
4 **פֶּן:** or else
5 **תִקְרֶאנָה** (ק–ר–ה): in case it happens
6 **מִלְחָמָה** (ל–ח–מ): a war
7 **וְנוֹסַף** (י–ס–פ): added
8 **שֹׂנְאֵינוּ** (ש–נ–א): those who hate us
9 **וְנִלְחַם** (ל–ח–מ): יַעֲשֶׂה מִלְחָמָה

קְרִיאָה מְרַפְרֶפֶת (פְּסוּקִים ח׳-י׳)

בְּבַקָּשָׁה:

1 מִי הֵן הַדְּמֻיּוֹת? ______

2 **סַמְּנוּ** בְּעַמּוּד 11 בְּצֶבַע צָהֹב אֶת דִּבְרֵי מֶלֶךְ מִצְרַיִם.

fear

3 מִשְׁתַּמְּשִׁים בַּמִּלָּה ״פֶּן״ כַּאֲשֶׁר חוֹשְׁשִׁים שֶׁיִּקְרֶה מַשֶּׁהוּ.

will happen

פַּרְעֹה חוֹשֵׁשׁ שֶׁיִּקְרוּ 4 דְּבָרִים: (פָּסוּק י׳)

- ״______״
- ״______״
- ״______״
- ״______״

4 **הַקִּיפוּ** בְּמַעְגָּל (פְּסוּקִים ט׳-י׳) אֶת הַבִּיטוּיִים הַדּוֹמִים לַפְּעָלִים שֶׁבְּפָסוּק ז׳.

קְרִיאָה מַעֲמִיקָה (פְּסוּקִים ח׳-י׳)

בִּקְבוּצָה

1 כָּתוּב שֶׁמֶּלֶךְ מִצְרַיִם ״לֹא יָדַע אֶת יוֹסֵף״. מָה אַתֶּם חוֹשְׁבִים עַל **״לֹא יָדַע״**?

שַׁאֲלוּ שְׁאֵלָה **וְכִתְבוּ** תְּשׁוּבָה. (רְאוּ עַמּוּד 7)

______ ◄ **לֹא יָדַע** ► ______

רַשִׁ"י: "לֹא יָדַע"

עשה עצמו כאלו לא ידע

עָשָׂה עַצְמוֹ (הִתְנַהֵג) כְּאִלּוּ לֹא יָדַע (אֶת יוֹסֵף).

2 לְפִי רַשִׁ"י: מֶלֶךְ מִצְרַיִם **"יָדַע"** אֶת יוֹסֵף אוֹ **"לֹא יָדַע"** אֶת יוֹסֵף?

____

behave

3 לָמָּה הַמֶּלֶךְ מִתְנַהֵג כָּךְ, לְדַעְתְּכֶם?

____

4 יוֹסֵף עָשָׂה מַעֲשִׂים טוֹבִים בִּשְׁבִיל מִצְרַיִם. מָה דַּעְתְּכֶם עַל הַהִתְנַהֲגוּת שֶׁל הַמֶּלֶךְ?

____

pretend

5 מָתַי אֲנַחְנוּ עוֹשִׂים אֶת עַצְמֵנוּ שֶׁאֲנַחְנוּ לֹא מַכִּירִים מִישֶׁהוּ? תְּנוּ דֻּגְמָה.

____

____

6 בְּפָסוּק א' כָּתוּב: "וְאֵלֶּה שְׁמוֹת בְּנֵי יִשְׂרָאֵל".

בְּנֵי יִשְׂרָאֵל הֵם: הַ______________ שֶׁל ______________.

calls

בְּפָסוּק ט' פַּרְעֹה מְכַנֶּה אֶת בנ"י: "__________ __________ __________".

6א. לָמָּה פַּרְעֹה מְכַנֶּה אֶת בנ"י "עַם", לְדַעְתְּכֶם?

כִּי ______________________________

____

בַּחֲרוּ צִטּוּט מַתְאִים לַכּוֹתֶרֶת וְכִתְבוּ בְּעַמּוּד 11

פֶּרֶק א׳ פְּסוּקִים י״א–י״ד

מָה עָשָׂה פַּרְעֹה לִבְנֵי יִשְׂרָאֵל?

י״א וַיָּשִׂימוּ[1] עָלָיו שָׂרֵי מִסִּים[2]
לְמַעַן[3] עַנֹּתוֹ[4] בְּסִבְלֹתָם[5],
וַיִּבֶן[6] עָרֵי מִסְכְּנוֹת[7] לְפַרְעֹה
אֶת-פִּתֹם וְאֶת-רַעַמְסֵס.

י״ב וְכַאֲשֶׁר יְעַנּוּ אֹתוֹ כֵּן יִרְבֶּה וְכֵן יִפְרֹץ[8],
וַיָּקֻצוּ[9] מִפְּנֵי בְּנֵי יִשְׂרָאֵל.

י״ג וַיַּעֲבִדוּ[10] מִצְרַיִם אֶת-בְּנֵי יִשְׂרָאֵל בְּפָרֶךְ[11].

י״ד וַיְמָרְרוּ[12] אֶת-חַיֵּיהֶם בַּעֲבֹדָה קָשָׁה
בְּחֹמֶר[13] וּבִלְבֵנִים[14] וּבְכָל-עֲבֹדָה בַּשָּׂדֶה,
אֵת כָּל-עֲבֹדָתָם אֲשֶׁר-עָבְדוּ בָהֶם בְּפָרֶךְ.

1 **וַיָּשִׂימוּ** (ש-י-מ): הֵם שָׂמוּ they placed
2 **שָׂרֵי מִסִּים:** taskmasters
3 **לְמַעַן:** in order
4 **עַנֹּתוֹ:** to oppress it
5 **בְּסִבְלֹתָם** (ס-ב-ל): with their forced labor
6 **וַיִּבֶן** (ב-נ-ה): הוּא בָּנָה
7 **עָרֵי מִסְכְּנוֹת:** storage cities
8 **יִפְרֹץ:** יִרְבֶּה
9 **וַיָּקֻצוּ:** הֵם פָּחֲדוּ
10 **וַיַּעֲבִדוּ** (ע-ב-ד): הֵם הֶעֱבִידוּ they enslaved
11 **בְּפָרֶךְ:** בַּעֲבוֹדָה קָשָׁה ruthlessly
12 **וַיְמָרְרוּ** (מ-ר-ר): הֵם מֵרְרוּ they made bitter
13 **בְּחֹמֶר:** with mortar
14 **וּבִלְבֵנִים:** and with bricks

קְרִיאָה מְרַפְרֶפֶת (פְּסוּקִים י"א-י"ד)

מִלָּה (שֹׁרֶשׁ) **מַנְחָה:**
מִלָּה הַחוֹזֶרֶת בַּקֶּטַע כַּמָּה פְּעָמִים.
הַחֲזָרָה מְלַמֶּדֶת שֶׁהַמִּלָּה חֲשׁוּבָה.

בְּבַקָּשָׁה:

1 **סַמְּנוּ** בְּעַמּוּד 14 בְּצֶבַע צָהֹב אֶת הַשֹּׁרֶשׁ הַמַּנְחֶה. (פְּסוּקִים י"ג-י"ד)

subject

1א. מַהוּ הַנּוֹשֵׂא שֶׁל הַקֶּטַע, לְדַעְתְּכֶם?

2 **סַמְּנוּ** בְּצֶבַע כָּחֹל אֶת הַפְּעָלִים הַמַּתְחִילִים בְּ"וַי". (פָּסוּק י"א)

בנ"י בּוֹנִים לְפַרְעֹה ______

3 פַּרְעֹה אוֹמֵר: "פֶּן יִרְבֶּה" (בְּפָסוּק י'). **סַמְּנוּ** בְּצֶבַע יָרֹק מָה עָשׂוּ בנ"י. (פָּסוּק י"ב)

4 **סַמְּנוּ** בְּצֶבַע וָרֹד אֶת הַמִּלָּה הַחוֹזֶרֶת שֶׁבַּמִּסְגֶּרֶת.

enslaved them

4א. אֵיךְ הֶעֱבִידוּ הַמִּצְרִים אֶת בנ"י, לְדַעְתְּכֶם? **כִּתְבוּ** בְּתוֹךְ הַמִּסְגֶּרֶת.

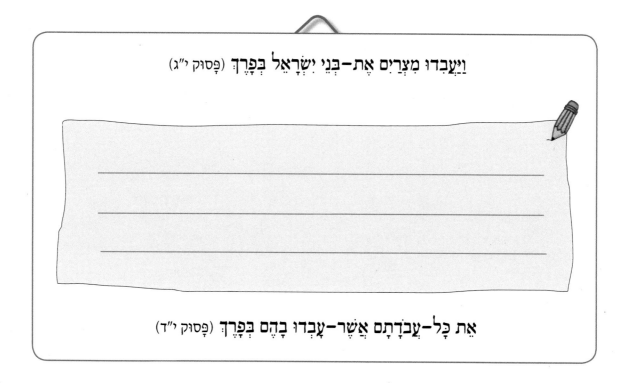

וַיַּעֲבִדוּ מִצְרַיִם אֶת-בְּנֵי יִשְׂרָאֵל בְּפָרֶךְ (פָּסוּק י"ג)

אֵת כָּל-עֲבֹדָתָם אֲשֶׁר-עָבְדוּ בָהֶם בְּפָרֶךְ (פָּסוּק י"ד)

קְרִיאָה מַעֲמִיקָה (פְּסוּקִים י"א-י"ד)

1 מִפָּסוּק י"ב אֲנַחְנוּ לוֹמְדִים שֶׁהַתָּכְנִית שֶׁל פַּרְעֹה: ☐ הִצְלִיחָה ☐ לֹא הִצְלִיחָה

כִּי כָּתוּב: "______________________________"

with the help of

1א. בְּעֶזְרַת מִי בנ"י מִתְרַבִּים? הַסְבִּירוּ.

____

____

בַּחֲרוּ צִטּוּט מַתְאִים לַכּוֹתֶרֶת וְכִתְבוּ בְּעַמּוּד 14

פְּשָׁט:

בְּדֶרֶךְ כְּלָל אֲנַחְנוּ לוֹמְדִים תּוֹרָה בְּדֶרֶךְ הַ"פְּשָׁט".

אֲנַחְנוּ מַסְבִּירִים אֶת הַמִּלִּים וְהַפְּסוּקִים:

- בְּעֶזְרַת הַחֻקִּים שֶׁל הַשָּׂפָה (הַשֹּׁרֶשׁ, הַצּוּרוֹת וְעוֹד).
- בְּעֶזְרַת "הֵד" מִמְּקוֹמוֹת אֲחֵרִים בַּתּוֹרָה.
- logic
  בְּעֶזְרַת הַהִגָּיוֹן הַפָּשׁוּט.

מִדְרָשׁ: (ד-ר-ש)

הַמִּדְרָשִׁים הֵם סִפּוּרִים קְצָרִים שֶׁלֹּא כְּתוּבִים בַּתּוֹרָה.

כָּתְבוּ אוֹתָם חז"ל (חֲכָמֵינוּ זִכְרוֹנָם לִבְרָכָה), הָרַבָּנִים מֵהֶעָבָר.

morals values ideas emphasize

הֵם רָצוּ לְהַדְגִּישׁ רַעְיוֹנוֹת, עֲרָכִים וּמוּסָר.

הַמִּדְרָשׁ עוֹנֶה עַל הַשְּׁאֵלָה: מָה אֶפְשָׁר לִלְמֹד מֵהַפְּסוּקִים בַּתּוֹרָה?

רָשִׁ"י: בְּפָרֶךְ

with a "soft mouth"

בפה רך בא פרעה אל בני ישראל.

בְּפֶה רַךְ בָּא פַּרְעֹה אֶל בְּנֵי יִשְׂרָאֵל.

with a play on words

2 רָשִׁ"י מַסְבִּיר אֶת "בְּפָרֶךְ" בְּמִשְׂחַק מִלִּים: "פֶּה רַךְ". He was a "smooth talker"

לְפִי רָשִׁ"י: אֵיךְ הִתְנַהֵג פַּרְעֹה?

____

פִּנַּת הַמִּדְרָשׁ

מַהִי עֲבוֹדַת פֶּרֶךְ?

tools

פַּרְעֹה לָקַח כֵּלִים בַּיָּד וְאָמַר: "בְּבַקָּשָׁה, בּוֹאוּ עִמִּי לִבְנוֹת עִיר."

בנ"י רָאוּ שֶׁפַּרְעֹה עוֹשֶׂה לְבֵנִים - וְגַם הֵם עָשׂוּ לְבֵנִים.

taskmasters

אָמַר פַּרְעֹה לַנּוֹגְשִׂים: "מִסְפַּר הַלְּבֵנִים שֶׁהֵם עָשׂוּ הַיּוֹם,

הֵם צְרִיכִים לַעֲשׂוֹת בְּכָל יוֹם."

determined

- לְפִי הַמִּדְרָשׁ, אֵיךְ קָבַע פַּרְעֹה אֶת מִסְפַּר הַלְּבֵנִים? ______________________________

____

____

- לְפִי הַמִּדְרָשׁ, פַּרְעֹה הוּא אָדָם ______________________________

- לְפִי הַמִּדְרָשׁ, הַפֵּרוּשׁ שֶׁל "עֲבוֹדַת פֶּרֶךְ" הוּא ______________________________

____

פֶּרֶק א׳ פְּסוּקִים ט״ו–כ״ב

מָה צִוָּה פַּרְעֹה עַל הַמְיַלְּדוֹת?

„ ”

ט״ו וַיֹּאמֶר מֶלֶךְ מִצְרַיִם לַמְיַלְּדֹת[1] הָעִבְרִיֹּת,
אֲשֶׁר שֵׁם הָאַחַת שִׁפְרָה וְשֵׁם הַשֵּׁנִית פּוּעָה.

ט״ז וַיֹּאמֶר: ”בְּיַלֶּדְכֶן[2] אֶת-הָעִבְרִיּוֹת
וּרְאִיתֶן[3] עַל-הָאָבְנָיִם[4],
אִם-בֵּן הוּא וַהֲמִתֶּן[5] אֹתוֹ
וְאִם-בַּת הִוא (הִיא) וָחָיָה[6].”

י״ז וַתִּירֶאןָ[7] הַמְיַלְּדֹת אֶת-הָאֱ-לֹהִים
וְלֹא עָשׂוּ כַּאֲשֶׁר דִּבֶּר אֲלֵיהֶן מֶלֶךְ מִצְרָיִם,
וַתְּחַיֶּיןָ[8] אֶת-הַיְלָדִים.

י״ח וַיִּקְרָא מֶלֶךְ-מִצְרַיִם לַמְיַלְּדֹת וַיֹּאמֶר לָהֶן:
”מַדּוּעַ עֲשִׂיתֶן הַדָּבָר הַזֶּה,
וַתְּחַיֶּיןָ אֶת-הַיְלָדִים?”

1 לַמְיַלְּדֹת (י-ל-ד): to the midwives

2 בְּיַלֶּדְכֶן (י-ל-ד): when you help them give birth

3 וּרְאִיתֶן (ר-א-ה): אַתֶּן תִּרְאוּ

4 הָאָבְנָיִם (א-ב-נ): supporting stones

5 וַהֲמִתֶּן (מ-ו-ת): you will kill

6 וָחָיָה (ח-י-ה): הִיא תִּחְיֶה

7 וַתִּירֶאןָ [נה] (י-ר-א): they feared

8 וַתְּחַיֶּיןָ (ח-י-ה): they let live

י״ט וַתֹּאמַרְןָ[9] הַמְיַלְּדֹת אֶל־פַּרְעֹה:
״כִּי לֹא כַנָּשִׁים הַמִּצְרִיֹּת הָעִבְרִיֹּת,
כִּי־חָיוֹת הֵנָּה[10] בְּטֶרֶם[11] תָּבוֹא אֲלֵהֶן הַמְיַלֶּדֶת וְיָלָדוּ[12]״.

כ׳ וַיֵּיטֶב[13] אֱ־לֹהִים לַמְיַלְּדֹת,
וַיִּרֶב הָעָם וַיַּעַצְמוּ מְאֹד.

כ״א וַיְהִי כִּי־יָרְאוּ[14] הַמְיַלְּדֹת אֶת־הָאֱ־לֹהִים,
וַיַּעַשׂ לָהֶם בָּתִּים[15].

כ״ב וַיְצַו פַּרְעֹה לְכָל־עַמּוֹ לֵאמֹר:
״כָּל־הַבֵּן הַיִּלּוֹד הַיְאֹרָה[16] תַּשְׁלִיכֻהוּ[17]
וְכָל־הַבַּת תְּחַיּוּן.״

9 **וַתֹּאמַרְןָ** (א־מ־ר): הֵן אָמְרוּ
10 **כִּי־חָיוֹת** (ח־י־ה) **הֵנָּה:** they are lively
11 **בְּטֶרֶם:** לִפְנֵי
12 **וְיָלָדוּ** (י־ל־ד): they have already given birth
13 **וַיֵּיטֶב** (ט־ו־ב): עָשָׂה טוֹב
14 **יָרְאוּ** (י־ר־א)
15 **בָּתִּים** (ב־י־ת): households
16 **הַיְאֹרָה:** הַיְאֹר + ה, אֶל הַיְאוֹר Nile
17 **תַּשְׁלִיכֻהוּ** (ש־ל־כ): תִּזְרְקוּ אוֹתוֹ throw him

קְרִיאָה מְרַפְרֶפֶת (פֶּרֶק א' פְּסוּקִים ט"ו-כ"ב)

בְּבַקָּשָׁה:

1 **סַמְּנוּ** בְּעַמּוּדִים 19-18 בְּצֶבַע וָרֹד אֶת הַמִּלִּים מִן הַשֹּׁרֶשׁ **י-ל-ד**. מְצָאתֶם ___ מִלִּים.

2 **סַמְּנוּ** בְּצֶבַע כָּחֹל אֶת הַמִּלִּים מִן הַשֹּׁרֶשׁ **ח-י-ה**. מְצָאתֶם ___ מִלִּים.

3 **שַׁעֲרוּ:** מַהוּ הַנּוֹשֵׂא שֶׁל הַקֶּטַע? ______________________

____

הֲיְדַעְתֶּם?

gods

הַמֶּלֶךְ בְּמִצְרַיִם הוּא אַחַד הָאֵלִים.

command

4 **הַקִּיפוּ** בְּמַעְגָּל אֶת הַצַּו שֶׁל פַּרְעֹה לַמְיַלְּדוֹת. פָּסוּק ______.

5 **הַקִּיפוּ** בְּמַעְגָּל אֶת הַצַּו שֶׁל פַּרְעֹה לְעַמּוֹ. פָּסוּק ______.

6 פַּעֲמַיִם כָּתוּב שֶׁהַמְיַלְּדוֹת "יָרְאוּ אֶת אֱ-לֹהִים". **סַמְּנוּ** בְּצֶבַע צָהֹב.

6א. מִמִּי הֵן **לֹא** יָרְאוּ? ______________________

7 **הַשְׁלִימוּ:** לְהַחֲיוֹת לְהָמִית

- מֶלֶךְ מִצְרַיִם צִוָּה עַל הַמְיַלְּדוֹת ______________ אֶת הַבָּנִים.
- הַמְיַלְּדוֹת בָּחֲרוּ ______________ אוֹתָם.

8 לָמָּה הַמְיַלְּדוֹת לֹא עָשׂוּ מָה שֶׁצִּוָּה עֲלֵיהֶן פַּרְעֹה? (פָּסוּק י"ז)

____

____

9 כִּתְבוּ אֶת הַבִּטּוּיִים הַמְנֻגָּדִים:

מִמָּה חָשַׁשׁ פַּרְעֹה? (פָּסוּק י')

"פֶּן __________"

מָה קָרָה בַּסּוֹף? (פָּסוּק כ')

"__________ הָעָם

__________ __________"

9א. פַּרְעֹה ☐ הִצְלִיחַ ☐ לֹא הִצְלִיחַ

כִּי __________

קְרִיאָה מַעֲמִיקָה (פְּסוּקִים ט"ו – כ"ב)

1 לָמָּה צִוָּה פַּרְעֹה לְהָמִית רַק אֶת הַבָּנִים? (רְאוּ פָּסוּק י')

____

in danger

2 הַמְיַלְּדוֹת הָיוּ בְּסַכָּנָה. מַהִי? __________

3 הַשֵּׁמוֹת שֶׁל הַמְיַלְּדוֹת הֵם: __________ וְ __________ . (פָּסוּק ט"ו)

3א. לָמָּה חָשׁוּב לְהַזְכִּיר אֶת הַשֵּׁמוֹת שֶׁל הַמְיַלְּדוֹת, לְדַעְתְּכֶם?

____

4 כִּתְבוּ דּוּ-שִׂיחַ בֵּין הַמְיַלְּדוֹת אַחֲרֵי הַצַּו שֶׁל פַּרְעֹה.

influences

(לִשְׁמֹעַ אוֹ לֹא לִשְׁמֹעַ לְפַרְעֹה, אֵיךְ יִרְאַת אֱ-לֹהִים מַשְׁפִּיעָה עֲלֵיהֶן וְעוֹד)

שִׁפְרָה:

_____

_____

פּוּעָה:

_____

_____

שִׁפְרָה:

_____

_____

פּוּעָה:

_____

_____

5 שְׁנֵי פֵּרוּשִׁים לַ"מְיַלְּדוֹת הָעִבְרִיּוֹת" (פָּסוּק ט"ו):

מְיַלְּדוֹת שֶׁהֵן עִבְרִיּוֹת

מְיַלְּדוֹת שֶׁל הָעִבְרִיּוֹת (מִצְרִיּוֹת)

• אִם הַמְיַלְּדוֹת **הָיוּ עִבְרִיּוֹת** – מָה אֲנַחְנוּ לוֹמְדִים מִזֶּה?

_____

• אִם הַמְיַלְּדוֹת **הָיוּ מִצְרִיּוֹת** – מָה אֲנַחְנוּ לוֹמְדִים מִזֶּה?

_____

God-fearing

6 יְרֵא אֱ-לֹהִים מִתְנַהֵג כָּךְ:

- הוּא עוֹשֶׂה אֶת **הַדָּבָר הַצּוֹדֵק**

הַמְיַלְּדוֹת הֵן יִרְאוֹת אֱ-לֹהִים כִּי: ______________________________

____

risky

- הוּא עוֹשֶׂה גַּם כְּשֶׁזֶּה **קָשֶׁה וּמְסֻכָּן**

הַמְיַלְּדוֹת: ______________________________

____

reward

- הוּא עוֹשֶׂה **בְּלִי לְקַבֵּל שָׂכָר**

הַמְיַלְּדוֹת: ______________________________

____

- הוּא עוֹשֶׂה אֶת מָה **שֶׁחָשׁוּב לֵאֱ-לֹהִים**

הַמְיַלְּדוֹת: ______________________________

____

7 לָמָּה מִי שֶׁעוֹשֶׂה אֶת הַדְּבָרִים הָאֵלֶּה נִקְרָא "יְרֵא אֱ-לֹהִים"?

____

בַּחֲרוּ צִטּוּט מַתְאִים לַכּוֹתֶרֶת וְכִתְבוּ בְּעַמּוּד 18

God-fearing : "יִרְאַת אֱ-לֹהִים"

"The belief that certain things are wrong because God has built standards of moral behavior into the universe."

(*Etz Hayim Torah and Commentary* (2001) The Rabbinical Assembly, The United Synagogue of Conservative Judaism: NY, p.320.)

Dear Parents,

We have been learning about the midwives who saved the Israelite baby boys in Egypt, when Pharaoh commanded them to kill the babies. Since the Hebrew is ambiguous, they may have been Israelite midwives; or they may have been midwives TO the Israelites, and therefore Egyptian. We have been discussing the idea of moral courage, and the idea that sometimes people rescue those not of their own "group" in spite of great personal danger.

We present here such a story from the 20th century, and ask that you tell your children a story of moral courage, if you know one. Please record it with your children so that we can share them in class.

A Story of Moral Courage: Rescuers

Le Chambon-sur-Lignon is a Protestant village in Haute-Loire in southern France. During World War II, it became a haven for Jews fleeing from the Nazis and their French collaborators.

The Chambonais hid Jews in their homes, sometimes for as long as four years, provided them with forged I.D. and ration cards, and helped them over the border to safety in Switzerland. With their own history of persecution as a religious minority (Huguenot) in Catholic France, empathy for Jews as the people of the Bible, and the powerful leadership and example of their pastor and his wife, Andre and Magda Trocme, the people of Chambon acted on their conviction that it was their duty to help their "neighbors" in need.

The Chambonais rejected any labeling of their behavior as heroic. They said: "Things had to be done and we happened to be there to do them. It was the most natural thing in the world to help these people."

The Trocmes have been recognized by Yad Vashem as Righteous among the Nations; a tree was planted in honor of Andre and Magda Trocme and another in honor of Daniel Trocme. A small garden and plaque on the grounds of Yad Vashem were dedicated to the people of Chambon.

פֶּרֶק ב׳ פְּסוּקִים א׳–י׳

saved

מִי הִצִּיל אֶת הַיֶּלֶד?

א׳ וַיֵּלֶךְ אִישׁ מִבֵּית לֵוִי,
וַיִּקַּח אֶת־בַּת־לֵוִי.

ב׳ וַתַּהַר[1] הָאִשָּׁה וַתֵּלֶד בֵּן,
וַתֵּרֶא אֹתוֹ כִּי־טוֹב הוּא
וַתִּצְפְּנֵהוּ[2] שְׁלֹשָׁה יְרָחִים.

ג׳ וְלֹא־יָכְלָה עוֹד הַצְּפִינוֹ[3]
וַתִּקַּח־לוֹ תֵּבַת גֹּמֶא[4]
וַתַּחְמְרָה בַחֵמָר וּבַזָּפֶת[5],
וַתָּשֶׂם[6] בָּהּ אֶת־הַיֶּלֶד
וַתָּשֶׂם בַּסּוּף[7] עַל־שְׂפַת הַיְאֹר[8].

ד׳ וַתֵּתַצַּב[9] אֲחֹתוֹ מֵרָחֹק[10],
לְדֵעָה[11] מַה־יֵּעָשֶׂה לוֹ.

1 **וַתַּהַר:** הָיְתָה בְּהֵרָיוֹן she became pregnant

2 **וַתִּצְפְּנֵהוּ** (צ־פ־נ): she hid him

3 **הַצְּפִינוֹ** (צ־פ־נ): to hide him

4 **תֵּבַת גֹּמֶא:** an ark made of papyrus

5 **וַתַּחְמְרָה בַחֵמָר וּבַזָּפֶת:**
she sealed it with clay and tar

6 **וַתָּשֶׂם** (ש־י־מ): הִיא שָׂמָה

7 **בַּסּוּף:** סוּף = bulrush, reed

8 **עַל־שְׂפַת הַיְאֹר:** on the bank of the Nile

9 **וַתֵּתַצַּב** (נ־צ־ב): she stationed herself

10 **מֵרָחֹק:** at a distance

11 **לְדֵעָה** (י־ד־ע): לָדַעַת

ה׳ וַתֵּרֶד בַּת-פַּרְעֹה לִרְחֹץ עַל-הַיְאֹר

וְנַעֲרֹתֶיהָ הֹלְכֹת עַל-יַד הַיְאֹר,

וַתֵּרֶא אֶת-הַתֵּבָה בְּתוֹךְ הַסּוּף

וַתִּשְׁלַח אֶת-אֲמָתָהּ[12] וַתִּקָּחֶהָ.

ו׳ וַתִּפְתַּח וַתִּרְאֵהוּ אֶת-הַיֶּלֶד

וְהִנֵּה-נַעַר בֹּכֶה,

וַתַּחְמֹל[13] עָלָיו

וַתֹּאמֶר: ״מִיַּלְדֵי[14] הָעִבְרִים זֶה.״

ז׳ וַתֹּאמֶר אֲחֹתוֹ אֶל-בַּת-פַּרְעֹה:

״הַאֵלֵךְ וְקָרָאתִי[15] לָךְ אִשָּׁה מֵינֶקֶת[16] מִן הָעִבְרִיֹּת,

וְתֵינִק[17] לָךְ אֶת-הַיָּלֶד?״

ח׳ וַתֹּאמֶר-לָהּ בַּת-פַּרְעֹה: ״לֵכִי״,

וַתֵּלֶךְ הָעַלְמָה[18] וַתִּקְרָא אֶת-אֵם הַיָּלֶד.

ט׳ וַתֹּאמֶר לָהּ בַּת-פַּרְעֹה:

״הֵילִיכִי[19] אֶת-הַיֶּלֶד הַזֶּה וְהֵינִקִהוּ[20] לִי

וַאֲנִי אֶתֵּן אֶת-שְׂכָרֵךְ,״

וַתִּקַּח הָאִשָּׁה הַיֶּלֶד וַתְּנִיקֵהוּ[21].

י׳ וַיִּגְדַּל הַיֶּלֶד

וַתְּבִאֵהוּ[22] לְבַת-פַּרְעֹה וַיְהִי-לָהּ לְבֵן,

וַתִּקְרָא שְׁמוֹ מֹשֶׁה

וַתֹּאמֶר: ״כִּי מִן-הַמַּיִם מְשִׁיתִהוּ[23].״

12 **אֲמָתָהּ**: הָאָמָה שֶׁלָּהּ her servant

13 **וַתַּחְמֹל** (ח-מ-ל): she had compassion

14 **מִיַּלְדֵי** (י-ל-ד): מֵהַיְלָדִים שֶׁל

15 **וְקָרָאתִי** (ק-ר-א): אֶקְרָא

16 **אִשָּׁה מֵינֶקֶת** (י-נ-ק):
a woman who nurses the babies of other women

17 **וְתֵינִק** (י-נ-ק): she will nurse

18 **הָעַלְמָה**: הַנַּעֲרָה

19 **הֵילִיכִי**: קְחִי

20 **וְהֵינִקִהוּ** (י-נ-ק): nurse him

21 **וַתְּנִיקֵהוּ** (י-נ-ק): she nursed him

22 **וַתְּבִאֵהוּ** (ב-ו-א): הִיא הֵבִיאָה אוֹתוֹ

23 **מְשִׁיתִהוּ** (מ-ש-ה): הוֹצֵאתִי אוֹתוֹ

1

וַתִּקַּח

2   וַתֵּתַצַּב

7

3

6

4

5

בְּבַקָּשָׁה:

1 בְּזוּגוֹת: **קִרְאוּ בְּלַחַשׁ** אֶת הַמִּלָּה הָרִאשׁוֹנָה בְּכָל שׁוּרָה.

1א. שְׁמַעְתֶּם הַרְבֵּה פְּעָמִים אֶת הַצְּלִיל _____ .

2 **הַקִּיפוּ** בְּרִבּוּעַ בָּעַמּוּדִים 25-26 אֶת הַפְּעָלִים הַמַּתְחִילִים בְּ"ות" בִּפְסוּקִים ב׳-י׳.

2א. אִם הַפְּעָלִים מַתְחִילִים בְּ"ות", אָז הַדְּמֻיּוֹת הֵן _____ .

3 **כִּתְבוּ** בָּעַמּוּדִים 25-26 מִי הִיא הַדְּמוּת. ⬭

4 בִּפְסוּקִים ז׳-י׳ – **בַּחֲרוּ** צֶבַע לְכָל דְּמוּת **וְסַמְּנוּ** אֶת מָה שֶׁהִיא אוֹמֶרֶת.

5 **כִּתְבוּ** אֶת הַכִּנּוּיִים שֶׁל הַדְּמֻיּוֹת.

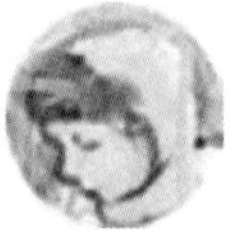

_____

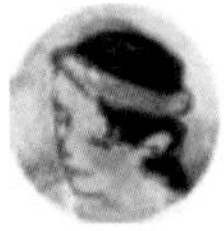

_____

_____

_____

mentioned
5א. הַיָּחִיד שֶׁהַשֵּׁם שֶׁלּוֹ נִזְכָּר הוּא _____ . מַדּוּעַ, לְדַעְתְּכֶם?

_____

6 הַשֹּׁרֶשׁ **י-נ-ק** מוֹפִיעַ ☐ פְּעָמִים. לָמָּה, לְדַעְתְּכֶם? ____________________

____

7 **כִּתְבוּ** בְּעַמּוּד 27 לְיַד כָּל צִיּוּר אֶת הַפְּעָלִים הַמַּתְאִימִים לַדְּמוּת. (פְּסוּקִים ב'-י')

8 פְּעִילוּת לָשׁוֹן - **הַשְׁלִימוּ:**

הַפָּסוּק	הַשֹּׁרֶשׁ	בִּלְשׁוֹן הַתּוֹרָה	בִּלְשׁוֹנֵנוּ	הַדְּמוּת הִיא:
ה'	י - ר - ד	______	הִיא יָרְדָה	______
	______	וַתֵּרֶא	______	______
	______	______	______ שָׁלְחָה	______
	______	וַתִּקָּחֶהָ	______ אוֹתָהּ	______
ו'	______	______	______ פָּתְחָה	______
	ח - מ - ל	______	______ חָמְלָה	______
ז'	______	וַתֹּאמֶר	______	______
	י - נ - ק	וְתֵינִק	______ תֵּינִיק	______
ח'	______	וַתֵּלֶךְ	______	______
ט'	______	וַתִּקַּח	______	______
	______	וַתְּנִיקֵהוּ	______ הֵנִיקָה אוֹתוֹ	______
י'	ב-ו-א	______	______ הֵבִיאָה אוֹתוֹ	______
	______	וַתִּקְרָא	______	______

קְרִיאָה מַעֲמִיקָה (פְּסוּקִים א׳-י׳)

הד מִסְפָּר
אַחֵר

1 בְּסֵפֶר בְּרֵאשִׁית אֱ-לֹהִים בָּרָא אֶת הָעוֹלָם וְעָשָׂה בּוֹ סֵדֶר.

בִּבְרֵאשִׁית **פֶּרֶק א׳ פָּסוּק י״ב** כָּתוּב: ״וַיַּרְא אֱ-לֹהִים **כִּי טוֹב.**״

- מָה הָיָה ״טוֹב״ בְּעֵינֵי אֱ-לֹהִים? ____________

בִּשְׁמוֹת **פֶּרֶק ב׳ פָּסוּק ב׳** כָּתוּב: ״וַתֵּרֶא אוֹתוֹ **כִּי טוֹב** הוּא.״

hints
- הָאֵם רוֹאָה ״כִּי טוֹב״. אוּלַי זֶה מְרַמֵּז עַל מַשֶּׁהוּ. עַל מָה, לְדַעְתְּכֶם?

____

2 לָמָּה שָׂמָה הָאֵם אֶת הַתֵּבָה בְּתוֹךְ הַסּוּף?

____

____

____

הד מִסְפָּר
אַחֵר

3 בְּאֵיזֶה סִפּוּר בְּסֵפֶר בְּרֵאשִׁית לָמַדְנוּ עַל תֵּבָה? ____________

saved
3א. **בִּבְרֵאשִׁית:** הַתֵּבָה הִצִּילָה אֶת ____________ מֵ ____________

hints
3ב. **בִּשְׁמוֹת:** הַתֵּבָה מְרַמֶּזֶת שֶׁאוּלַי ____________

4 **לְאֵם יֵשׁ, אוּלַי, רְגָשׁוֹת חֲזָקִים, כִּי כָּתוּב:** (פָּסוּק ג׳)

...

...

...

...

לִפְעָמִים פְּעָלִים רַבִּים –
רְגָשׁוֹת חֲזָקִים

5 **בְּפָסוּק ג׳ כָּתוּב: "וְלֹא-יָכְלָה עוֹד הַצְּפִינוֹ".**

כִּתְבוּ שִׂיחָה בְּבֵית לֵוִי: לָשִׂים אוֹ לֹא לָשִׂים אֶת הַתִּינוֹק בְּתוֹךְ הַסּוּף?

6 לָמָּה הָאָחוֹת רוֹצָה שֶׁהָאֵם תֵּינִיק אֶת הַיֶּלֶד, לְדַעְתְּכֶם?

7 אֵיזוֹ מֵהַפְּעֻלּוֹת מַצִּילָה אֶת מֹשֶׁה, לְדַעְתְּכֶם? סַמְּנוּ ✓

☐ וַתָּשֶׂם בַּסּוּף ☐ וַתֵּתַצַּב ☐ וַתִּשְׁלַח... וַתִּקָּחֶהָ

☐ הַאֵלֵךְ וְקָרָאתִי לָךְ... וְתֵינִק ☐ וַתִּפְתַּח... וַתַּחְמֹל...

8 **דַּמְּיְנוּ:** מֹשֶׁה אִישׁ זָקֵן. הוּא רוֹצֶה לְהַגִּיד "תּוֹדָה" לְמִי שֶׁהִצִּילָה אוֹתוֹ.

plaque

כִּתְבוּ לוּחַ הוֹקָרָה לְמִי שֶׁהִצִּילָה אוֹתוֹ. (חִשְׁבוּ: מָה הוּא יִכְתֹּב בְּלוּחַ הַהוֹקָרָה, וְלָמָּה)

בַּחֲרוּ צִטּוּט מַתְאִים לַכּוֹתֶרֶת **וְכִתְבוּ** בְּעַמּוּד 25

פֶּרֶק ב׳ פָּסוּק י״א

מָה רָאָה מֹשֶׁה?

י״א וַיְהִי בַּיָּמִים הָהֵם

וַיִּגְדַּל מֹשֶׁה

וַיֵּצֵא אֶל-אֶחָיו

וַיַּרְא בְּסִבְלֹתָם[1]...

[1] **בְּסִבְלֹתָם** (ס-ב-ל): אֶת הַסֵּבֶל שֶׁלָּהֶם
their burdens, their suffering

קְרִיאָה מַעֲמִיקָה (פְּסוּקִים י״א)

1 **סַמְּנוּ** בְּצֶבַע יָרֹק אֶת הַפְּעֻלּוֹת שֶׁמֹּשֶׁה עוֹשֶׂה.

1א. מָה לוֹמְדִים מִזֶּה עַל מֹשֶׁה? ____________________

____

2 לֹא כָּתוּב מָה מֹשֶׁה רָאָה. **סַפְּרוּ** סִפּוּר אוֹ **צַיְּרוּ** צִיּוּר שֶׁמְּתָאֵר מָה מֹשֶׁה רָאָה.

3 מָה חָשַׁב מֹשֶׁה? מָה הוּא הִרְגִּישׁ?

4 **שַׁעֲרוּ:** אֵיךְ יָדַע מֹשֶׁה שֶׁבְּנֵי יִשְׂרָאֵל הֵם "אֶחָיו"?

5 לִפְעָמִים אֲנַחְנוּ מַרְגִּישִׁים שֶׁאֲנָשִׁים הֵם כְּמוֹ הָאַחִים שֶׁלָּנוּ. תְּנוּ דֻּגְמָה.

6 אֶפְשָׁר לְפָרֵשׁ אֶת הַמִּלָּה "רָאָה" בְּ-3 דְּרָכִים:

רָאָה

☐ **רָאָה** בְּעֵינָיו אֶת מָה שֶׁאֶפְשָׁר לִרְאוֹת

identified

☐ **רָאָה** בְּלִבּוֹ - הִרְגִּישׁ, הֵבִין, הִזְדַּהָה

judged injustice

☐ **רָאָה** חֹסֶר צֶדֶק - שָׁפַט

most appropriate

• אֵיזֶה פֵּרוּשׁ הֲכִי מַתְאִים לְ"וַיַּרְא בְּסִבְלֹתָם", לְדַעְתְּכֶם? **הַסְבִּירוּ.**

פִּנַּת הַמִּדְרָשׁ

מָה רָאָה מֹשֶׁה?

הוּא רָאָה שֶׁשָּׂמוּ מַשָּׂא גָּדוֹל עַל אִישׁ קָטָן, וּמַשָּׂא קָטָן עַל אִישׁ גָּדוֹל.

- צַיְּרוּ:

- צָרִיךְ לִהְיוֹת:

מַשָּׂא ______________ עַל ______________

מַשָּׂא ______________ עַל ______________

- "מַשָּׂא קָטָן עַל אִישׁ גָּדוֹל" מַפְרִיעַ (bothers) לְמֹשֶׁה. לָמָּה?

____

____

- הַמִּדְרָשׁ מַתְאִים לְאַחַד הַפֵּרוּשִׁים בְּעַמּוּד 34 שְׁאֵלָה 6. **הַסְבִּירוּ**.

____

____

פֶּרֶק ב׳ פְּסוּקִים י״א–י״ז

gets involved

לָמָּה מֹשֶׁה מִתְעָרֵב?

י״א וַיִּגְדַּל מֹשֶׁה
וַיֵּצֵא אֶל–אֶחָיו
וַיַּרְא בְּסִבְלֹתָם
וַיַּרְא אִישׁ מִצְרִי מַכֶּה[1] אִישׁ–עִבְרִי מֵאֶחָיו.

י״ב וַיִּפֶן[2] כֹּה וָכֹה
וַיַּרְא כִּי אֵין אִישׁ,
וַיַּךְ[3] אֶת–הַמִּצְרִי
וַיִּטְמְנֵהוּ[4] בַּחוֹל[5].

1 **מַכֶּה** (מ–כ–ה): hitting

2 **וַיִּפֶן** (פ–נ–ה) **כֹּה וָכֹה:** הוּא פָּנָה, הִסְתַּכֵּל סָבִיב

3 **וַיַּךְ** (נ–כ–ה): הוּא הִכָּה, הָרַג

4 **וַיִּטְמְנֵהוּ** (ט–מ–נ): הוּא טָמַן אוֹתוֹ he buried him

5 **בַּחוֹל:** in the sand

פֶּרֶק ב׳

י״ג וַיֵּצֵא בַּיּוֹם הַשֵּׁנִי

וְהִנֵּה שְׁנֵי-אֲנָשִׁים עִבְרִים נִצִּים[6],

וַיֹּאמֶר לָרָשָׁע: ״לָמָּה תַכֶּה[7] רֵעֶךָ[8]?״

י״ד וַיֹּאמֶר: ״מִי שָׂמְךָ[9] לְאִישׁ שַׂר[10] וְשֹׁפֵט[11] עָלֵינוּ

הַלְהָרְגֵנִי[12] אַתָּה אֹמֵר כַּאֲשֶׁר[13] הָרַגְתָּ אֶת-הַמִּצְרִי?״

וַיִּירָא מֹשֶׁה

וַיֹּאמַר: אָכֵן נוֹדַע[14] הַדָּבָר.

ט״ו וַיִּשְׁמַע פַּרְעֹה אֶת-הַדָּבָר הַזֶּה

וַיְבַקֵּשׁ[15] לַהֲרֹג אֶת-מֹשֶׁה,

וַיִּבְרַח[16] מֹשֶׁה מִפְּנֵי פַּרְעֹה

וַיֵּשֶׁב בְּאֶרֶץ-מִדְיָן וַיֵּשֶׁב עַל-הַבְּאֵר.

ט״ז וּלְכֹהֵן מִדְיָן שֶׁבַע בָּנוֹת,

וַתָּבֹאנָה[17] וַתִּדְלֶנָה[18] וַתְּמַלֶּאנָה[19] אֶת-הָרְהָטִים[20]

לְהַשְׁקוֹת[21] צֹאן אֲבִיהֶן.

י״ז וַיָּבֹאוּ הָרֹעִים וַיְגָרְשׁוּם[22],

וַיָּקָם מֹשֶׁה וַיּוֹשִׁעָן[23]

וַיַּשְׁקְ[24] אֶת-צֹאנָם.

---

[17] **וַתָּבֹאנָה** (ב-ו-א): הֵן בָּאוּ

[18] **וַתִּדְלֶנָה**: they drew (water)

[19] **וַתְּמַלֶּאנָה** (מ-ל-א): they filled

[20] **הָרְהָטִים**: the troughs
(containers holding water for animals)

[21] **לְהַשְׁקוֹת**: לָתֵת מַיִם

[22] **וַיְגָרְשׁוּם** (ג-ר-ש): הֵם גֵּרְשׁוּ אוֹתָן
he drove them away

[23] **וַיּוֹשִׁעָן** (י-ש-ע): הוּא הוֹשִׁיעַ אוֹתָן
he saved them

[24] **וַיַּשְׁקְ** (ש-ק-ה): הוּא נָתַן מַיִם

קְרִיאָה מְרַפְרֶפֶת (פְּסוּקִים י"א-י"ז)

בְּבַקָּשָׁה:

1 **הַקִּיפוּ** בְּמַעְגָּל בְּעַמּוּדִים 38-36 אֶת הַפְּעָלִים הַמַּתְחִילִים בְּ"וַי".

2 **סַמְּנוּ** אֶת הַדְּמֻיּוֹת: • **בִּפְסוּקִים י"א-י"ב** בְּצֶבַע צָהֹב • **בִּפְסוּקִים י"ג-י"ד** בְּצֶבַע כָּחֹל

• **בְּפָסוּק ט"ו** בְּצֶבַע יָרֹק • **בִּפְסוּקִים ט"ז-י"ז** בְּצֶבַע וָרֹד

קְרִיאָה מַעֲמִיקָה (פְּסוּקִים י"א-י"ז)

1 **מִתְחוּ** קַו:

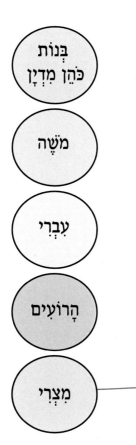

- אִישׁ מִצְרִי מַכֶּה אִישׁ...
- drives away
מֹשֶׁה מְגָרֵשׁ אֶת...
- buries
מֹשֶׁה טוֹמֵן בַּחוֹל אֶת הַ...
- אִישׁ עִבְרִי רָב עִם אִישׁ...
- it becomes known
נוֹדַע שֶׁמֹּשֶׁה הָרַג אֶת הַ...
- פַּרְעֹה מְבַקֵּשׁ לַהֲרֹג אֶת...
- מֹשֶׁה מַכֶּה אֶת הַ...
- saves
מֹשֶׁה מוֹשִׁיעַ אֶת...

בְּנוֹת כֹּהֵן מִדְיָן

מֹשֶׁה

עִבְרִי

הָרוֹעִים

מִצְרִי

2 פְּעִילוּת לָשׁוֹן – הַשְׁלִימוּ:

הַפָּסוּק	הַשֹּׁרֶשׁ	בִּלְשׁוֹן הַתּוֹרָה	בִּלְשׁוֹנֵנוּ	הַדְּמוּת אוֹ הַדְּמֻיּוֹת
י"א	______	וַיִּגְדַּל	הוּא גָּדַל	______
	______	וַיַּרְא	______	______
י"ב	נ-כ-ה	וַיַּךְ	הוּא הִכָּה	מֹשֶׁה
	ט-מ-נ	______	הוּא טָמַן אוֹתוֹ	______
י"ג		וַיֵּצֵא	______	______
י"ד	י-ר-א	______	הוּא יָרֵא	______
ט"ו	______	וַיְבַקֵּשׁ	______	______
	______	וַיִּבְרַח	______	______
	______	וַיֵּשֶׁב	______	______
י"ז	ב-ו-א	וַיָּבֹאוּ	______	______
	______	וַיְגָרְשׁוּם	______ גֵּרְשׁוּ אוֹתָן	______
	י-ש-ע	______	______ הוֹשִׁיעַ אוֹתָן	______
	ש-ק-ה	______	______ הִשְׁקָה	______

קְבוּצָה 1

עֲבוֹדָה בִּקְבוּצוֹת

scene

סְצֶנָה 1: פְּסוּקִים י"א-י"ב

1. **הַדְּמֻיּוֹת:** ______

2. **הַמָּקוֹם:** ______

3. **מָה מֹשֶׁה רוֹאֶה?** ______

characteristics

4. **לְמִי מֹשֶׁה עוֹזֵר?** (חִשְׁבוּ עַל הַדְּמֻיּוֹת וְעַל הַתְּכוּנוֹת שֶׁלָּהֶן)

______

5. **מַהִי הַתּוֹצָאָה?** ______

______

6. **לְדַעְתֵּנוּ הַתְּכוּנוֹת הַטּוֹבוֹת שֶׁל מֹשֶׁה הֵן:**

______

______

7. **לְדַעְתֵּנוּ הַתְּכוּנוֹת הַפָּחוֹת טוֹבוֹת שֶׁל מֹשֶׁה הֵן:**

______

______

8. **מָה אַתֶּם חוֹשְׁבִים עַל הִתְנַהֲגוּתוֹ שֶׁל מֹשֶׁה?**

______

______

תְּנוּ לַסְּצֶנָה כּוֹתֶרֶת בִּלְשׁוֹנֵנוּ

עֲבוֹדָה בִּקְבוּצוֹת

קְבוּצָה 2

scene

סְצֶנָה 2: פְּסוּקִים י"ג–ט"ו

1. הַדְּמֻיּוֹת: ____________

2. הַמָּקוֹם: ____________

3. מָה מֹשֶׁה רוֹאֶה? ____________

characteristics

4. לְמִי מֹשֶׁה עוֹזֵר? (חִשְׁבוּ עַל הַדְּמֻיּוֹת וְעַל הַתְּכוּנוֹת שֶׁלָּהֶן)

____

5. מַהִי הַתּוֹצָאָה? ____________

____

6. לְדַעְתֵּנוּ הַתְּכוּנוֹת **הַטּוֹבוֹת** שֶׁל מֹשֶׁה הֵן:

____

____

7. לְדַעְתֵּנוּ הַתְּכוּנוֹת **הַפָּחוֹת טוֹבוֹת** שֶׁל מֹשֶׁה הֵן:

____

____

8. מָה אַתֶּם חוֹשְׁבִים עַל הִתְנַהֲגוּתוֹ שֶׁל מֹשֶׁה?

____

____

תְּנוּ לַסְּצֶנָה כּוֹתֶרֶת בִּלְשׁוֹנֵנוּ

קְבוּצָה 3

עֲבוֹדָה בִּקְבוּצוֹת

scene

סְצֶנָה 3: פְּסוּקִים ט"ז–י"ז

1. הַדְּמֻיּוֹת: ______

2. הַמָּקוֹם: ______

3. מָה מֹשֶׁה רוֹאֶה? ______

characteristics

4. לְמִי מֹשֶׁה עוֹזֵר? (חִשְׁבוּ עַל הַדְּמֻיּוֹת וְעַל הַתְּכוּנוֹת שֶׁלָּהֶן)

______

5. מַהִי הַתּוֹצָאָה? ______

______

6. לְדַעְתֵּנוּ הַתְּכוּנוֹת **הַטּוֹבוֹת** שֶׁל מֹשֶׁה הֵן:

______

______

7. לְדַעְתֵּנוּ הַתְּכוּנוֹת **הַפָּחוֹת טוֹבוֹת** שֶׁל מֹשֶׁה הֵן:

______

______

8. מָה אַתֶּם חוֹשְׁבִים עַל הִתְנַהֲגוּתוֹ שֶׁל מֹשֶׁה?

______

______

תְּנוּ לַסְּצֶנָה כּוֹתֶרֶת בִּלְשׁוֹנֵנוּ

סִכּוּם הָעֲבוֹדָה בִּקְבוּצוֹת

1

סְצֶנָה	הַדְּמֻיּוֹת	מִי רָב עִם מִי?	לְמִי מֹשֶׁה עוֹזֵר?	הַתְּכוּנוֹת הַטּוֹבוֹת שֶׁל מֹשֶׁה
א׳				
ב׳				
ג׳				

2 הַכּוֹתָרוֹת שֶׁכְּתַבְתֶּם:

סְצֶנָה	הַכּוֹתֶרֶת
א׳	
ב׳	
ג׳	

What do they have in common

3 מָה מְשֻׁתָּף לְכָל הָאֲנָשִׁים שֶׁמֹּשֶׁה עוֹזֵר לָהֶם? ____________________

____

common

4 מָה מְשֻׁתָּף לַפְּעֻלּוֹת שֶׁל מֹשֶׁה בְּכָל הַסְּצֵנוֹת? ____________________

____

5 מָה לוֹמְדִים מִזֶּה עַל מֹשֶׁה? ____________________

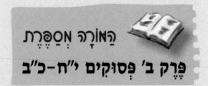

____

____

הַתּוֹרָה מְסַפֶּרֶת

פֶּרֶק ב׳ פְּסוּקִים י״ח-כ״ב

פֶּרֶק ב׳ פְּסוּקִים כ״ג–כ״ה

מָה יָדַע אֱ-לֹהִים?

“ ”

כ״ג וַיְהִי בַיָּמִים הָרַבִּים הָהֵם

וַיָּמָת מֶלֶךְ מִצְרַיִם

וַיֵּאָנְחוּ[1] בְנֵי–יִשְׂרָאֵל מִן–הָעֲבֹדָה

וַיִּזְעָקוּ[2],

וַתַּעַל[3] שַׁוְעָתָם[4] אֶל–הָאֱ-לֹהִים מִן–הָעֲבֹדָה.

כ״ד וַיִּשְׁמַע אֱ-לֹהִים אֶת–נַאֲקָתָם[5],

וַיִּזְכֹּר אֱ-לֹהִים אֶת–בְּרִיתוֹ

אֶת–אַבְרָהָם אֶת–יִצְחָק וְאֶת–יַעֲקֹב.

כ״ה וַיַּרְא אֱ-לֹהִים אֶת–בְּנֵי יִשְׂרָאֵל,

וַיֵּדַע אֱ-לֹהִים.

1 **וַיֵּאָנְחוּ:** groaned

2 **וַיִּזְעָקוּ** (ז–ע–ק): וַיִּצְעֲקוּ they cried out

[צָעַק = זָעַק]

3 **וַתַּעַל** (ע–ל–ה): הִיא עָלְתָה

4 **שַׁוְעָתָם:** their cry for help

5 **נַאֲקָתָם:** their moaning

קְרִיאָה מְרַפְרֶפֶת (פְּסוּקִים כ"ג-כ"ה)

בְּבַקָּשָׁה:

1. **בְּפֶרֶק א' וּבְפֶרֶק ב' עַד פָּסוּק כ"ב** הַשֵּׁם "אֱ-לֹהִים" נִזְכָּר ☐ פְּעָמִים.

2. **בִּפְסוּקִים כ"ג-כ"ה: סַמְּנוּ** בְּעַמּוּד 45 בְּצֶבַע צָהֹב. הַשֵּׁם אֱ-לֹהִים נִזְכָּר ☐ פְּעָמִים.

2א. **שַׁעֲרוּ:** מִי הַדְּמוּת הַחֲשׁוּבָה בַּקֶּטַע הַזֶּה? ______

3. **סַמְּנוּ** בְּצֶבַע יָרֹק אֶת "בנ"י". הֵם נִזְכָּרִים (mentioned) ☐ פְּעָמִים.

4. **סַמְּנוּ** בְּצֶבַע וָרֹד אֶת הַפְּעָלִים הַמְּתָאֲרִים (that describe) אֶת הַתְּגוּבָה שֶׁל בנ"י לַעֲבוֹדָה.

4א. **שַׁעֲרוּ:** אֵיךְ בנ"י מַרְגִּישִׁים? ______

5. **סַמְּנוּ** בְּצֶבַע כָּחֹל אֶת הַפְּעָלִים הַמְּתָאֲרִים אֶת הַתְּגוּבָה שֶׁל אֱ-לֹהִים.

6. **הַשְׁלִימוּ:**

אֱ-לֹהִים שָׁמַע "אֶת ______"

אֱ-לֹהִים זָכַר "אֶת ______"

אֱ-לֹהִים רָאָה "אֶת ______"

אֱ-לֹהִים יָדַע "______"

6א. מָה חָסֵר? ______

7. מָה לוֹמְדִים מִזֶּה עַל אֱ-לֹהִים? **כִּתְבוּ** בַּ"יוֹמָן שֶׁלִּי עַל אֱ-לֹהִים".

קְרִיאָה מַעֲמִיקָה (פְּסוּקִים כ"ג-כ"ה)

1 מָה **יָדַע** אֱ-לֹהִים, לְדַעְתְּכֶם?

אֱ-לֹהִים יָדַע ___________________________

____

רַשִׁ"י: "וַיֵּדַע אֱ-לֹהִים"

שם לב להם ולא העלים עיניו.

did not ignore them

שָׂם לֵב לָהֶם וְלֹא הֶעֱלִים עֵינָיו.

2 לָמָּה אֱ-לֹהִים "יָדַע" רַק **עַכְשָׁו**, לְדַעְתְּכֶם?

____

____

____

3 שַׁאֲלוּ שְׁאֵלוֹת עַל פְּסוּקִים כ"ג-כ"ה.

? ___________________________

? ___________________________

? ___________________________

בַּחֲרוּ צִטּוּט מַתְאִים לַכּוֹתֶרֶת **וְכִתְבוּ** בְּעַמּוּד 45

בִּקְבוּצָה 4 אֱ-לֹהִים מְחַפֵּשׂ מַנְהִיג לִבנ"י.

Want Ad

מוֹדַעַת דְּרוּשִׁים

wanted

דָּרוּשׁ מַנְהִיג לָעִבְרִים

characteristics

הַתְּכוּנוֹת הַדְּרוּשׁוֹת:

________________ ________________

________________ ________________

________________ ________________

letters of recommendation

- כִּתְבוּ מִכְתְּבֵי הַמְלָצָה לְמֹשֶׁה עַל פִּי פֶּרֶק ב' פְּסוּקִים י"א–י"ז.

פֶּרֶק ג׳ פְּסוּקִים א׳-ו׳

מִמָּה מֹשֶׁה יָרֵא?

א׳ וּמֹשֶׁה הָיָה רֹעֶה אֶת-צֹאן יִתְרוֹ חֹתְנוֹ[1] כֹּהֵן מִדְיָן,
וַיִּנְהַג[2] אֶת-הַצֹּאן אַחַר הַמִּדְבָּר[3]
וַיָּבֹא אֶל-הַר הָאֱ-לֹהִים חֹרֵבָה[4].

ב׳ וַיֵּרָא[5] מַלְאַךְ ה׳ אֵלָיו בְּלַבַּת-אֵשׁ[6] מִתּוֹךְ הַסְּנֶה[7],
וַיַּרְא וְהִנֵּה הַסְּנֶה בֹּעֵר[8] בָּאֵשׁ
וְהַסְּנֶה אֵינֶנּוּ אֻכָּל[9].

ג׳ וַיֹּאמֶר מֹשֶׁה:
״אָסֻרָה[10]-נָּא וְאֶרְאֶה אֶת-הַמַּרְאֶה[11] הַגָּדֹל הַזֶּה,
מַדּוּעַ לֹא-יִבְעַר הַסְּנֶה?״

ד׳ וַיַּרְא ה׳ כִּי סָר[12] לִרְאוֹת
וַיִּקְרָא אֵלָיו אֱ-לֹהִים מִתּוֹךְ הַסְּנֶה וַיֹּאמֶר:
״מֹשֶׁה מֹשֶׁה״
וַיֹּאמֶר: ״הִנֵּנִי.״

1 **חֹתְנוֹ** (ח-ת-ן): הַחוֹתֵן שֶׁלּוֹ his father-in-law

2 **וַיִּנְהַג** (נ-ה-ג): הוּא נָהַג he drove

3 **הַמִּדְבָּר:** wilderness

4 **חֹרֵבָה:** אֶל (הַר) חוֹרֵב

5 **וַיֵּרָא** (ר-א-ה): נִרְאָה appeared

6 **בְּלַבַּת-אֵשׁ:** בְּלֶהָבָה (flame) שֶׁל אֵשׁ

7 **הַסְּנֶה:** thornbush

8 **בֹּעֵר** (ב-ע-ר): burning

9 **אֻכָּל** (א-כ-ל): consumed, burned up

10 **אָסֻרָה** (ס-ו-ר): I will turn aside

11 **הַמַּרְאֶה** (ר-א-ה): this sight

12 **סָר** (ס-ו-ר): turned aside

ה׳ וַיֹּאמֶר: "אַל–תִּקְרַב[13] הֲלֹם[14],

שַׁל[15]–נְעָלֶיךָ מֵעַל רַגְלֶיךָ

כִּי הַמָּקוֹם אֲשֶׁר אַתָּה עוֹמֵד עָלָיו אַדְמַת–קֹדֶשׁ הוּא."

ו׳ וַיֹּאמֶר: "אָנֹכִי[16] אֱ–לֹהֵי[17] אָבִיךָ

אֱ–לֹהֵי אַבְרָהָם אֱ–לֹהֵי יִצְחָק וֵא–לֹהֵי יַעֲקֹב,"

וַיַּסְתֵּר[18] מֹשֶׁה פָּנָיו

כִּי יָרֵא[19] מֵהַבִּיט[20] אֶל–הָאֱ–לֹהִים.

13 **אַל–תִּקְרַב** (ק–ר–ב): אַל תָּבוֹא קָרוֹב

14 **הֲלֹם**: הֵנָּה

15 **שַׁל** (נ–שׁ–ל): תּוֹרִיד take off

16 **אָנֹכִי**: אֲנִי

17 **אֱ–לֹהֵי**: הָאֱ–לֹהִים שֶׁל...

18 **וַיַּסְתֵּר** (ס–ת–ר): הוּא הִסְתִּיר he hid

19 **יָרֵא** (י–ר–א): פָּחַד

20 **מֵהַבִּיט** (מ–ב–ט): לְהִסְתַּכֵּל to look

קְרִיאָה מְרַפְרֶפֶת (פְּסוּקִים א׳-ו׳)

בְּבַקָּשָׁה:

1 בְּזוּגוֹת: **קִרְאוּ** אֶת פְּסוּקִים א׳-ו׳ בְּלַחַשׁ. הַצְּלִיל הַחוֹזֵר הוּא ________.

זֶהוּ הַצְּלִיל שֶׁל הַ________

2 **סַמְּנוּ** בְּעַמּוּד 49 בְּצֶבַע וָרֹד אֶת הַשֹּׁרֶשׁ הַחוֹזֵר. הַשֹּׁרֶשׁ חוֹזֵר ☐ פְּעָמִים.

3 **סַמְּנוּ** בְּצֶבַע יָרֹק מָה מֹשֶׁה רוֹאֶה. (פָּסוּק ב׳)

3א. מֹשֶׁה רוֹאֶה:

- אֶת ________________
- אֶת ________________

4 **סַמְּנוּ** בְּעַמּוּדִים 49–50 בְּצֶבַע צָהֹב אֶת דִּבְרֵי ה׳.

5 ה׳ מְצַוֶּה עַל מֹשֶׁה: (פָּסוּק ה׳)

- ________________
- ________________

mentioned

6 **הַקִּיפוּ** בְּמַלְבֵּן כָּל מָקוֹם שֶׁאֱ-לֹהִים אוֹ ה׳ מֻזְכָּר בּוֹ. סַךְ הַכֹּל ☐ פְּעָמִים. (פְּסוּקִים א׳-ו׳)

6א. הַנּוֹשֵׂא הוּא:

____

____

קְרִיאָה מַעֲמִיקָה (פְּסוּקִים א'-ו')

1 מֹשֶׁה מְפַחֵד "מֵהַבִּיט אֶל-הָאֱ-לֹהִים" (פָּסוּק ו'). אֵיזֶה מִין פַּחַד זֶה, לְדַעְתְּכֶם? **סַמְּנוּ** ✓

- ☐ פַּחַד מִתּוֹךְ כָּבוֹד
- ☐ פַּחַד שֶׁיִּקְרֶה לוֹ מַשֶּׁהוּ רַע
- ☐ awe
פַּחַד
- ☐ overwhelmed
פַּחַד
- ☐ strange
פַּחַד מִפְּנֵי דָּבָר מוּזָר

1א. **בַּחֲרוּ** צְבָעִים מַתְאִימִים לְבַטֵּא אֶת הַפַּחַד שֶׁל מֹשֶׁה **וְצִבְעוּ** בַּמִּסְגֶּרֶת.

2 presents God's Self
אֱ-לֹהִים מַצִּיג אֶת עַצְמוֹ לִפְנֵי מֹשֶׁה. (פָּסוּק ו')

הַשְׁלִימוּ: אֱ-לֹהֵי ________ אֱ-לֹהֵי ________ אֱ-לֹהֵי ________ אֱ-לֹהֵי ________.

2א. לָמָּה הַמִּלָּה "אֱ-לֹהֵי" חוֹזֶרֶת, לְדַעְתְּכֶם? ________________

____

____

2ב. מָתַי אֲנַחְנוּ אוֹמְרִים אֶת הַמִּלִּים הָאֵלֶּה?

____

____

בַּחֲרוּ צִטּוּט מַתְאִים לַכּוֹתֶרֶת **וְכִתְבוּ** בְּעַמּוּד 49

52

symbolizes

3 אוּלַי הָאֵשׁ מְסַמֶּלֶת אֶת אֱ-לֹהִים. לָמָּה אֵשׁ, לְדַעְתְּכֶם?

4 **הַסְּנֶה** (פָּסוּק ב׳) יָכֹל לִהְיוֹת סֵמֶל לְמַשֶּׁהוּ אַחֵר.

symbols ... groups

לִפְנֵיכֶם הַסְּמָלִים וְהַשֵּׁמוֹת שֶׁל בָּתֵּי הַסֵּפֶר "Solomon Schechter" וְשֶׁל גּוּפִים אֲחֵרִים

movement

בַּתְּנוּעָה הַמָּסָרְתִּית:

The Jewish Theological Seminary

Pepper Pike, Ohio Gross Schechter Day School

Solomon Schechter Day School Association

United Synagogue of Conservative Judaism

Solomon Schechter Day School of Raritan Valley, NJ

- לָמָּה בָּחֲרוּ **בַּסְּנֶה** כְּסֵמֶל, לְדַעְתְּכֶם? **חִשְׁבוּ** מָה הַסְּנֶה מְסַמֵּל.

פִּנַּת הַמִּדְרָשׁ

לָמָּה אֱ-לֹהִים מִתְגַּלֶּה "מִתּוֹךְ הַסְּנֶה"?

כְּמוֹ שֶׁהַסְּנֶה בָּעַר בָּאֵשׁ וְלֹא אֻכָּל

כָּךְ מִצְרַיִם לֹא יְכוֹלָה לְהַשְׁמִיד אֶת עַם יִשְׂרָאֵל.

Just as the bush burned but was not burned up, so Egypt could not destroy Israel.

- הָאֵשׁ לֹא יְכוֹלָה לִשְׂרֹף אֶת ________ **כְּמוֹ שֶׁמִּצְרַיִם לֹא יְכוֹלָה לְהַשְׁמִיד** אֶת ________
- הַסְּנֶה הוּא סֵמֶל לְ________

סְנֶה קָשֶׁה מִכָּל עֵץ. אִם צִפּוֹר נִכְנֶסֶת לְתוֹכוֹ, הִיא לֹא יוֹצֵאת מִתּוֹכוֹ בְּשָׁלוֹם, בִּגְלַל הַקּוֹצִים.

כָּךְ קָשֶׁה לַעֲבֹד אֶת מִצְרַיִם. אֵין אִישׁ יוֹצֵא מִמִּצְרַיִם בְּשָׁלוֹם.

A thorn bush is tougher than any tree, and no bird that enters it can leave in peace (because of the thorns). The same is true of Egyptian slavery which was tough. No one who enters Egyptian slavery is able to leave in peace.

- הַצִּפּוֹר לֹא יְכוֹלָה לָצֵאת מֵהַ________ בְּשָׁלוֹם,

  כְּמוֹ שֶׁבְּנֵי י לֹא יְכוֹלִים לָצֵאת בְּשָׁלוֹם מִ________

  הַסְּנֶה הוּא סֵמֶל לְ________

- אֲנִי אוֹהֵב/אוֹהֶבֶת אֶת: ☐ מִדְרָשׁ 1 ☐ מִדְרָשׁ 2

כִּי ________

____

פֶּרֶק ג׳ פְּסוּקִים ז׳–י׳

task

מָה הַתַּפְקִיד שֶׁל מֹשֶׁה?

ז׳ וַיֹּאמֶר ה׳: ״רָאֹה רָאִיתִי אֶת–עֳנִי[1] עַמִּי אֲשֶׁר בְּמִצְרָיִם,
וְאֶת–צַעֲקָתָם[2] שָׁמַעְתִּי מִפְּנֵי[3] נֹגְשָׂיו[4]
כִּי יָדַעְתִּי אֶת–מַכְאֹבָיו[5].

ח׳ וָאֵרֵד[6] לְהַצִּילוֹ[7] מִיַּד מִצְרַיִם
וּלְהַעֲלֹתוֹ[8] מִן–הָאָרֶץ הַהִוא (ההיא)
אֶל–אֶרֶץ טוֹבָה וּרְחָבָה[9]
אֶל–אֶרֶץ זָבַת חָלָב וּדְבָשׁ,
אֶל–מְקוֹם הַכְּנַעֲנִי וְהַחִתִּי וְהָאֱמֹרִי וְהַפְּרִזִּי וְהַחִוִּי וְהַיְבוּסִי.

ט׳ וְעַתָּה הִנֵּה צַעֲקַת בְּנֵי–יִשְׂרָאֵל בָּאָה אֵלָי,
וְגַם–רָאִיתִי אֶת–הַלַּחַץ[10] אֲשֶׁר מִצְרַיִם לֹחֲצִים[11] אֹתָם.

י׳ וְעַתָּה לְכָה[12] וְאֶשְׁלָחֲךָ[13] אֶל–פַּרְעֹה,
וְהוֹצֵא[14] אֶת–עַמִּי בְנֵי–יִשְׂרָאֵל מִמִּצְרָיִם.״

1 **עֳנִי** (ע–נ–י): the oppression of

2 **צַעֲקָתָם** (צ–ע–ק): הַצְּעָקָה שֶׁלָּהֶם (צְעָקָה =outcry)

3 **מִפְּנֵי:** on account of

4 **נֹגְשָׂיו:** הַנּוֹגְשִׂים שֶׁלּוֹ its taskmasters

5 **מַכְאֹבָיו** (כ–א–ב): הַכְּאֵבִים שֶׁלּוֹ its pains

6 **וָאֵרֵד** (י–ר–ד): אֲנִי אֵרֵד

7 **לְהַצִּילוֹ** (נ–צ–ל): לְהַצִּיל אוֹתוֹ

8 **וּלְהַעֲלֹתוֹ** (ע–ל–ה): לְהַעֲלוֹת אוֹתוֹ to bring it up

9 **וּרְחָבָה** (ר–ח–ב): wide, spacious

10 **הַלַּחַץ** (ל–ח–צ): לַחַץ oppression

11 **לֹחֲצִים** (ל–ח–צ): oppressing

12 **לְכָה** (ה–ל–כ): לֵךְ

13 **וְאֶשְׁלָחֲךָ** (ש–ל–ח): אֲנִי אֶשְׁלַח אוֹתְךָ

14 **וְהוֹצֵא** (י–צ–א): (אַתָּה) תּוֹצִיא

55

קְרִיאָה מְרַפְרֶפֶת (פְּסוּקִים ז'-י')

בְּבַקָּשָׁה:

1. **סַמְּנוּ** בְּצֶבַע כָּחֹל אֶת הַמִּלִּים הַחוֹזְרוֹת **בַּמִּסְגֶּרֶת.** (פְּסוּקִים ז', י').

פָּסוּק ז': רָאֹה רָאִיתִי אֶת-עֳנִי עַמִּי אֲשֶׁר בְּמִצְרָיִם

____

____

פָּסוּק י': וְהוֹצֵא אֶת-עַמִּי בְנֵי-יִשְׂרָאֵל מִמִּצְרָיִם

that end with

2. **סַמְּנוּ** בְּעַמּוּד 55 בְּצֶבַע צָהֹב אֶת **הַפְּעָלִים** הַמִּסְתַּיְּמִים בְּ"**תִי**".

2א. _______________ עוֹשֶׂה אֶת הַפְּעֻלּוֹת הָאֵלֶּה.

3. פָּסוּק י': **סַמְּנוּ** בְּצֶבַע יָרֹק אֶת הַפְּעָלִים.

_______________ מְדַבֵּר אֶל _______________

4. מָה הַנּוֹשֵׂא שֶׁל הַקֶּטַע? (פְּסוּקִים ז'-י'). **כִּתְבוּ** בְּתוֹךְ הַמִּסְגֶּרֶת.

5. **הַקִּיפוּ** בְּמַעְגָּל אֶת הַשֹּׁרֶשׁ **ש-ל-ח.** סַךְ הַכֹּל ☐

אֵיךְ מְדַבְּרִים עַל אֱ-לֹהִים?

we anthropomorphize

כְּשֶׁאֲנַחְנוּ רוֹצִים לְדַבֵּר עַל אֱ-לֹהִים אֲנַחְנוּ נוֹתְנִים לוֹ תְּכוּנוֹת שֶׁל בְּנֵי אָדָם:
אֱ-לֹהִים כְּאִלּוּ **שׁוֹמֵעַ**, כְּאִלּוּ **מְדַבֵּר**, כְּאִלּוּ **רוֹאֶה**, כְּאִלּוּ **זוֹכֵר**.

When we want to talk about God, we give God human characteristics (we "anthropomorphize"): we talk as though God hears, speaks, sees or remembers.

body part

1 **צַיְּרוּ** בְּכָל רִבּוּעַ אֶת הָאֵיבָר הַמַּתְאִים.

פֶּרֶק ב׳ פְּסוּקִים כ״ד-כ״ה

☐ אֱ-לֹהִים אֶת-נַאֲקָתָם...

☐ אֱ-לֹהִים אֶת-בְּרִיתוֹ...

☐ אֱ-לֹהִים...

פֶּרֶק ג׳ פָּסוּק ז׳

☐ אֶת-עֳנִי עַמִּי

וְאֶת-צַעֲקָתָם ☐ מִפְּנֵי נֹגְשָׂיו

כִּי ☐ אֶת-מַכְאֹבָיו.

פֶּרֶק ג׳ פָּסוּק ט׳

וְעַתָּה הִנֵּה ☐ בְּנֵי-יִשְׂרָאֵל בָּאָה אֵלָי

וְגַם ☐ אֶת-הַלַּחַץ אֲשֶׁר מִצְרַיִם לֹחֲצִים אֹתָם.

2 מָה לוֹמְדִים עַל אֱ-לֹהִים מִן הַפְּעָלִים הָאֵלֶּה?

____

____

3 **הַשְׁלִימוּ** בִּלְשׁוֹנֵנוּ אוֹ בִּלְשׁוֹן הַתּוֹרָה:

מָה **רָאָה** אֱ-לֹהִים?

מָה **שָׁמַע** אֱ-לֹהִים?

מָה **יָדַע** אֱ-לֹהִים?

4 הַ"מָּקוֹר הַמֻּחְלָט" בְּפֶרֶק ג' פָּסוּק ז', הוּא:

וְהוּא מַדְגִּישׁ ______________________

____

פִּנַּת הַמִּדְרָשׁ

עַל הַקֶּשֶׁר הַמְיֻחָד בֵּין ה' לְעַמּוֹ

אָמַר הַקָּדוֹשׁ בָּרוּךְ הוּא לְמֹשֶׁה:
אָנֹכִי מְדַבֵּר עִמְּךָ מִתּוֹךְ הַקּוֹצִים שֶׁל הַסְּנֶה.
אִם יִשְׂרָאֵל בְּצַעַר אֲנִי שֻׁתָּף בְּצַעֲרָם.

God said to Moshe: I speak to you from the painful thorns of the thorn bush to show you that I feel the pain of B'nei Yisrael. If B'nei Yisrael are in pain, I am in pain also.

the human characteristic

- **סַמְּנוּ** בְּצֶבַע אֶת הַתְּכוּנָה הָאֱנוֹשִׁית שֶׁל ה' בַּמִּדְרָשׁ.
- מָה הַמִּדְרָשׁ מְלַמֵּד אוֹתָנוּ עַל ה'? ______________________

____

58

5 מָה ה׳ מְצַוֶּה עַל מֹשֶׁה לַעֲשׂוֹת? (פָּסוּק י׳)

לָלֶכֶת אֶל ____________ וּלְהוֹצִיא אֶת ____________

6 אַחֲרֵי שֶׁבנ״י יֵצְאוּ מִמִּצְרַיִם, לְאֵיזוֹ אֶרֶץ הֵם יֵלְכוּ? ____________.

7 מָה כָּתוּב עַל הָאָרֶץ?

- ״אֶרֶץ ____________״
- ״אֶרֶץ ____________״
- ״...מְקוֹם הַ ____________
____________״

7א. לָמָּה חָשׁוּב לָדַעַת אֶת הַדְּבָרִים הָאֵלֶּה עַל הָאָרֶץ?

____

____

____

8 ה׳ נוֹתֵן לְמֹשֶׁה תַּפְקִיד גָּדוֹל וְחָשׁוּב: (פָּסוּק י׳)

אַתֶּם מֹשֶׁה. **כִּתְבוּ** שְׁאֵלוֹת לֶאֱ-לֹהִים עַל הַתַּפְקִיד.

? ____________

? ____________

? ____________

בַּחֲרוּ צִטּוּט מַתְאִים לַכּוֹתֶרֶת וְ**כִתְבוּ** בְּעַמּוּד 55

פֶּרֶק ג' פְּסוּקִים י"א–י"ב

"מִי אָנֹכִי כִּי אֵלֵךְ"

י"א וַיֹּאמֶר מֹשֶׁה אֶל–הָאֱ–לֹהִים:

"מִי אָנֹכִי

כִּי אֵלֵךְ[1] אֶל–פַּרְעֹה,

וְכִי אוֹצִיא אֶת–בְּנֵי יִשְׂרָאֵל מִמִּצְרָיִם?"

י"ב וַיֹּאמֶר: "כִּי–אֶהְיֶה עִמָּךְ

וְזֶה–לְּךָ הָאוֹת[2]

כִּי אָנֹכִי שְׁלַחְתִּיךָ,

בְּהוֹצִיאֲךָ[3] אֶת–הָעָם מִמִּצְרַיִם

תַּעַבְדוּן[4] אֶת–הָאֱ–לֹהִים עַל הָהָר הַזֶּה."

1 **כִּי אֵלֵךְ** (ה–ל–כ): שֶׁאֲנִי אֵלֵךְ

2 **הָאוֹת:** הַסִּימָן the sign

3 **בְּהוֹצִיאֲךָ** (י–צ–א): כַּאֲשֶׁר תּוֹצִיא

4 **תַּעַבְדוּן** (ע–ב–ד): תַּעַבְדוּ

קְרִיאָה מְרַפְרֶפֶת (פְּסוּקִים י"א-י"ב)

בְּבַקָּשָׁה:

1 **סַמְּנוּ** בְּצֶבַע **וָרֹד** אֶת דִּבְרֵי מֹשֶׁה, **וּ**בְצֶבַע **צָהֹב** אֶת דִּבְרֵי ה'.

2 מָה הַדָּבָר הֶחָשׁוּב בַּקֶּטַע?

- מֹשֶׁה שׁוֹאֵל: ______
- אֱ-לֹהִים אוֹמֵר שֶׁ ______

3 **הַקִּיפוּ** (בְּמַעְגָּל) אֶת הַשֹּׁרֶשׁ **ש-ל-ח.** סַךְ הַכֹּל ☐ פְּעָמִים.

קְרִיאָה מַעֲמִיקָה (פְּסוּקִים י"א-י"ב)

What does he mean?

1 מֹשֶׁה אוֹמֵר לַה': **"מִי אָנֹכִי?"** (פָּסוּק י"א) לְמָה הוּא מִתְכַּוֵּן? **כִּתְבוּ** לְפָחוֹת 2 אֶפְשָׁרֻיּוֹת.

______ **מִי אָנֹכִי ?** ______

______ ______

2 **סַמְּנוּ** בְּצֶבַע **כָּחֹל** אֶת כָּל הַמִּלִּים הַדּוֹמוֹת.

the task

הַתַּפְקִיד (פָּסוּק י')

וְעַתָּה לְכָה וְאֶשְׁלָחֲךָ אֶל-פַּרְעֹה,

וְהוֹצֵא אֶת-עַמִּי בְנֵי-יִשְׂרָאֵל מִמִּצְרָיִם.

הַשְּׁאֵלָה (פָּסוּק י"א)

מִי אָנֹכִי כִּי אֵלֵךְ אֶל-פַּרְעֹה,

וְכִי אוֹצִיא אֶת-בְּנֵי יִשְׂרָאֵל מִמִּצְרָיִם?

3 מֹשֶׁה חוֹזֵר עַל הַמִּלִּים שֶׁל אֱ-לֹהִים. מָה לוֹמְדִים מִזֶּה עַל מֹשֶׁה? **בַּחֲרוּ:**

☐ מֹשֶׁה חוֹשֵׁב עַל כָּל הַחֲלָקִים שֶׁל הַתַּפְקִיד.

fears

☐ מֹשֶׁה לֹא בָּטוּחַ בְּעַצְמוֹ וְחוֹשֵׁשׁ מֵהַתַּפְקִיד.

sure

☐ מֹשֶׁה רוֹצֶה לִהְיוֹת בָּטוּחַ שֶׁהוּא מֵבִין מַהוּ הַתַּפְקִיד.

☐ מֹשֶׁה רוֹצֶה לִהְיוֹת בָּטוּחַ שֶׁאֱ-לֹהִים מֵבִין אוֹתוֹ.

☐ מַשֶּׁהוּ אַחֵר: _____

for emphasis

4 לְפִי הַתְּגוּבָה שֶׁל מֹשֶׁה, אֵיךְ הוּא מַרְגִּישׁ, לְדַעְתְּכֶם?

what does God mean?

5 ה' אוֹמֵר לְמֹשֶׁה "כִּי-אֶהְיֶה עִמָּךְ" (פָּסוּק י"ב). לְמָה ה' מִתְכַּוֵּן? **כִּתְבוּ** לְפָחוֹת 2 אֶפְשָׁרֻיּוֹת.

אֶהְיֶה עִמָּךְ

_____

5א. הַאִם ה' עוֹנֶה עַל הַשְּׁאֵלָה שֶׁל מֹשֶׁה?   כֵּן ☐   לֹא ☐

כִּי _____

6 אֵיזֶה אוֹת ה' נוֹתֵן לְמֹשֶׁה?

____

7 לָמָּה ה' נוֹתֵן לְמֹשֶׁה אוֹת, לְדַעְתְּכֶם? ______________

____

8 הַשֹּׁרֶשׁ **ע-ב-ד:**

physical

עֲבוֹדָה גוּפָנִית. לְמָשָׁל: בנ"י הָיוּ ______________ בְּמִצְרַיִם.

עֲבוֹדַת אֱ-לֹהִים. לְמָשָׁל: בנ"י ______________ אֶת ה'.

will agree

9 הַאִם עַכְשָׁו יַסְכִּים מֹשֶׁה לְקַבֵּל אֶת הַתַּפְקִיד, לְדַעְתְּכֶם? **הַסְבִּירוּ.**

____

____

____

לִקְרַאת פְּסוּקִים י"ג-ט"ו

1 לַה' יֵשׁ הַרְבֵּה שֵׁמוֹת, לְמָשָׁל:

"הַצּוּר" "מָגֵן אַבְרָהָם" "מֶלֶךְ הָעוֹלָם" "דַּיַּן אֱמֶת"

appropriate

- **כִּתְבוּ** אֶת הַשֵּׁם הַמַּתְאִים מֵעַל הַמַּעְגָּל הַמַּתְאִים.

expresses a characteristic　　characteristic

- כָּל שֵׁם מְבַטֵּא תְּכוּנָה שֶׁל אֱ-לֹהִים. **כִּתְבוּ** אֶת הַתְּכוּנָה.

אֶהְיֶה אֲשֶׁר אֶהְיֶה

אֶהְיֶה

ה' אֱ-לֹהֵי אֲבֹתֵיכֶם:
אֱ-לֹהֵי אַבְרָהָם
אֱ-לֹהֵי יִצְחָק
וֵא-לֹהֵי יַעֲקֹב

פֶּרֶק ג' פְּסוּקִים י"ג–ט"ו

"מָה שְּׁמוֹ?"

י"ג וַיֹּאמֶר מֹשֶׁה אֶל-הָאֱ-לֹהִים:
"הִנֵּה אָנֹכִי בָא אֶל-בְּנֵי יִשְׂרָאֵל
וְאָמַרְתִּי לָהֶם: 'אֱ-לֹהֵי אֲבוֹתֵיכֶם שְׁלָחַנִי אֲלֵיכֶם,'
וְאָמְרוּ-לִי: ' מַה-שְּׁמוֹ?'
מָה אֹמַר אֲלֵהֶם?"

י"ד וַיֹּאמֶר אֱ-לֹהִים אֶל-מֹשֶׁה:
"אֶהְיֶה אֲשֶׁר אֶהְיֶה[1]."
וַיֹּאמֶר:
"כֹּה תֹאמַר לִבְנֵי יִשְׂרָאֵל:
'אֶהְיֶה שְׁלָחַנִי אֲלֵיכֶם'."

ט"ו וַיֹּאמֶר עוֹד אֱ-לֹהִים אֶל-מֹשֶׁה:
"כֹּה-תֹאמַר אֶל-בְּנֵי יִשְׂרָאֵל:
ה' אֱ-לֹהֵי אֲבֹתֵיכֶם
אֱ-לֹהֵי אַבְרָהָם אֱ-לֹהֵי יִצְחָק וֵא-לֹהֵי יַעֲקֹב
שְׁלָחַנִי אֲלֵיכֶם,
זֶה-שְּׁמִי לְעֹלָם וְזֶה זִכְרִי[2] לְדֹר דֹּר[3]."

1 **אֶהְיֶה אֲשֶׁר אֶהְיֶה:** I Am That I Am

2 **זִכְרִי** (ז-כ-ר): הַזֵּכֶר שֶׁלִּי
this is how I am to be remembered

3 **לְדֹר דֹּר:** לְעוֹלָם

קְרִיאָה מְרַפְרֶפֶת (פְּסוּקִים י"ג-ט"ו)

בְּבַקָּשָׁה:

1. **סַמְּנוּ** בְּעַמּוּד 65 בְּצֶבַע וָרֹד אֶת דִּבְרֵי מֹשֶׁה, וּבְצֶבַע צָהֹב אֶת דִּבְרֵי אֱ-לֹהִים.
2. **סַמְּנוּ** בְּצֶבַע יָרֹק אֶת "וַיֹּאמֶר" בִּפְסוּקִים י"ד-ט"ו. סַךְ הַכֹּל ___ פְּעָמִים.
3. **סַמְּנוּ** קַו מִתַּחַת לַשֵּׁמוֹת שֶׁל אֱ-לֹהִים.
4. מָה הַדָּבָר הֶחָשׁוּב בַּקֶּטַע?
   - מֹשֶׁה אוֹמֵר שֶׁ________________________________
   - אֱ-לֹהִים אוֹמֵר שֶׁ________________________________

אֶהְיֶה (ה-י-ה) = אֲנִי [ה'] אֶהְיֶה
הוּא הָיָה (זְמַן עָבָר)
הוּא יִהְיֶה (עָתִיד)
בִּתְפִלַּת "אֲדוֹן עוֹלָם" אֲנַחְנוּ אוֹמְרִים:
"וְהוּא **הָיָה**, וְהוּא **הֹוֶה**, וְהוּא **יִהְיֶה** בְּתִפְאָרָה"

5. **הַקִּיפוּ** בְּמַעְגָּל אֶת הַשֹּׁרֶשׁ **ש-ל-ח**. סַךְ הַכֹּל ___ פְּעָמִים.

קְרִיאָה מַעֲמִיקָה (פְּסוּקִים י"ג-ט"ו)

1 לָמָּה בנ"י יִרְצוּ לָדַעַת אֶת הַשֵּׁם, לְדַעְתְּכֶם? ____

____

1א. **אַתֶּם הָעָם.** אַתֶּם שׁוֹמְעִים אֶת הַשֵּׁם: "אֶהְיֶה אֲשֶׁר אֶהְיֶה" (פָּסוּק י"ד)

אַתֶּם מְבִינִים? ☐ כֵּן ☐ לֹא

כִּי ____

1ב. **אַתֶּם הָעָם.** אַתֶּם שׁוֹמְעִים: "אֶהְיֶה שְׁלָחַנִי אֲלֵיכֶם" (פָּסוּק י"ד)

אַתֶּם מְבִינִים? ☐ כֵּן ☐ לֹא

כִּי ____

1ג. **אַתֶּם הָעָם.** אַתֶּם שׁוֹמְעִים: "ה' אֱ-לֹהֵי אֲבֹתֵיכֶם... אֱ-לֹהֵי אַבְרָהָם..." (פָּסוּק ט"ו)

אַתֶּם מְבִינִים? ☐ כֵּן ☐ לֹא

כִּי ____

in a row

2 ה' מְדַבֵּר 3 פְּעָמִים **בְּרֶצֶף** (פְּסוּקִים י"ד-ט"ו) **וּמֹשֶׁה לֹא מְדַבֵּר. לָמָּה?**

כִּתְבוּ לְפָחוֹת שְׁתֵּי סִבּוֹת.

____

____

3 **כִּתְבוּ** בְּעַמּוּד 64 תְּכוּנָה אַחַת לְכָל שֵׁם שֶׁל ה'.

רַשִׁ"י: "אֶהְיֶה אֲשֶׁר אֶהְיֶה"

אהיה אתם בצרה זו בעבדות מצרים פה וגם בעבדות במקומות אחרים

slavery

אֶהְיֶה אִתָּם בְּצָרָה זוֹ, בְּעַבְדוּת מִצְרַיִם פֹּה, וְגַם בְּעַבְדוּת בִּמְקוֹמוֹת אֲחֵרִים.

4 לְפִי רַשִׁ"י: הַשְׁלִימוּ אֶת הַזְּמַנִּים: הֹוֶה עָתִיד

"אֶהְיֶה" 1: אֱ-לֹהִים עִם בנ"י עַכְשָׁו, בִּזְמַן ______________ .

"אֶהְיֶה" 2: אֱ-לֹהִים יִהְיֶה עִם בנ"י גַּם בִּזְמַן ______________ .

5 בְּפָסוּק ט"ו אֱ-לֹהִים אוֹמֵר:

זֶה-שְּׁמִי לְעֹלָם וְזֶה זִכְרִי לְדֹר דֹּר

צִבְעוּ בְּאוֹתָם הַצְּבָעִים אֶת הַמִּלִּים הַדּוֹמוֹת.

4א. מַהִי הַתְּכוּנָה שֶׁל אֱ-לֹהִים בְּפָסוּק זֶה?

____

will agree

6 הַאִם עַכְשָׁו יַסְכִּים מֹשֶׁה לְקַבֵּל אֶת הַתַּפְקִיד, לְדַעְתְּכֶם? הַסְבִּירוּ.

____

____

____

פֶּרֶק ג' פְּסוּקִים ט"ז–כ'

plan

מַהִי הַתָּכְנִית לֶעָתִיד?

ט"ז "לֵךְ וְאָסַפְתָּ[1] אֶת–זִקְנֵי יִשְׂרָאֵל[2]
וְאָמַרְתָּ אֲלֵהֶם:
'ה' אֱ–לֹהֵי אֲבֹתֵיכֶם נִרְאָה[3] אֵלַי
אֱ–לֹהֵי אַבְרָהָם יִצְחָק וְיַעֲקֹב לֵאמֹר:
פָּקֹד פָּקַדְתִּי[4] אֶתְכֶם
וְאֶת–הֶעָשׂוּי לָכֶם[5] בְּמִצְרָיִם.'

י"ז וָאֹמַר[6]: אַעֲלֶה אֶתְכֶם מֵעֳנִי מִצְרַיִם
אֶל–אֶרֶץ הַכְּנַעֲנִי וְהַחִתִּי וְהָאֱמֹרִי
וְהַפְּרִזִּי וְהַחִוִּי וְהַיְבוּסִי,
אֶל–אֶרֶץ זָבַת חָלָב וּדְבָשׁ.

י"ח וְשָׁמְעוּ לְקֹלֶךָ,
וּבָאתָ אַתָּה וְזִקְנֵי יִשְׂרָאֵל אֶל–מֶלֶךְ מִצְרַיִם
וַאֲמַרְתֶּם[7] אֵלָיו:
'ה' אֱ–לֹהֵי הָעִבְרִיִּים נִקְרָה[8] עָלֵינוּ
וְעַתָּה נֵלְכָה–נָּא דֶּרֶךְ שְׁלֹשֶׁת יָמִים בַּמִּדְבָּר[9]
וְנִזְבְּחָה[10] לַה' אֱ–לֹהֵינוּ.'

1 **וְאָסַפְתָּ** (א-ס-פ): אַתָּה תֶּאֱסֹף gather
2 **זִקְנֵי יִשְׂרָאֵל:** the elders of Israel
3 **נִרְאָה** (ר-א-ה): appeared
4 **פָּקֹד פָּקַדְתִּי:** זָכַרְתִּי
5 **וְאֶת–הֶעָשׂוּי לָכֶם:** מָה שֶׁעוֹשִׂים לָכֶם
6 **וָאֹמַר** (א-מ-ר): אֲנִי אָמַרְתִּי
7 **וַאֲמַרְתֶּם** (א-מ-ר): אַתֶּם תֹּאמְרוּ
8 **נִקְרָה** (ק-ר-ה): happened
suddenly appeared
9 **בַּמִּדְבָּר:** in the desert
10 **וְנִזְבְּחָה** (ז-ב-ח): נַעֲלֶה קָרְבָּנוֹת
we will make a sacrifice

י"ט וַאֲנִי יָדַעְתִּי

כִּי לֹא־יִתֵּן אֶתְכֶם מֶלֶךְ מִצְרַיִם לַהֲלֹךְ[11],

וְלֹא[12] בְּיָד חֲזָקָה.

כ' וְשָׁלַחְתִּי אֶת־יָדִי

וְהִכֵּיתִי[13] אֶת־מִצְרַיִם בְּכֹל נִפְלְאֹתַי[14]

אֲשֶׁר אֶעֱשֶׂה בְּקִרְבּוֹ[15],

וְאַחֲרֵי־כֵן יְשַׁלַּח[16] אֶתְכֶם. "

11 **לַהֲלֹךְ** (ה-ל-כ): לָלֶכֶת

12 **וְלֹא**: but only on account of

13 **וְהִכֵּיתִי** (נ-כ-ה): אַכֶּה I will strike

14 **נִפְלְאֹתַי** (פ-ל-א): my wonders

15 **בְּקִרְבּוֹ**: בְּתוֹכוֹ in his midst

16 **יְשַׁלַּח** (ש-ל-ח): הוּא יְשַׁלַּח

70

קְרִיאָה מְרַפְרֶפֶת (פְּסוּקִים ט"ז–כ')

בְּבַקָּשָׁה:

1 **סַמְּנוּ** בְּעַמּוּדִים 69–70 בְּצֶבַע יָרֹק אֶת הַדְּמֻיּוֹת.

1א. הַדְּמֻיּוֹת הֵן:

2 **פְּעִילוּת לָשׁוֹן – הַשְׁלִימוּ:**

הַשֹּׁרֶשׁ	בִּלְשׁוֹן הַתּוֹרָה	בִּלְשׁוֹנֵנוּ	מִי זֶה?
		אַתָּה תֶּאֱסֹף	
		הֵם יִשְׁמְעוּ	
		אַתֶּם תֹּאמְרוּ	
		אֲנִי אֶשְׁלַח	
נ–כ–ה		אֲנִי אַכֶּה	ה'

3 **הַקִּיפוּ** בְּמַעְגָּל אֶת הַפְּעָלִים בֶּעָתִיד.

וַ + פֹּעַל בֶּעָבָר = עָתִיד

4 הַתְאִימוּ אֶת הַכּוֹתָרוֹת לַפְּסוּקִים.

פְּסוּקִים ט"ז–י"ז	מֶלֶךְ מִצְרַיִם יְשַׁלַּח אֶת בנ"י
פָּסוּק י"ח	ה' יַכֶּה אֶת מִצְרַיִם
פָּסוּק י"ט	will refuse מֶלֶךְ מִצְרַיִם יְסָרֵב לְשַׁלֵּחַ
פָּסוּק כ' a	מֹשֶׁה וְהַזְּקֵנִים יֵלְכוּ לְפַרְעֹה
פָּסוּק כ' b	מֹשֶׁה יֶאֱסֹף אֶת הַזְּקֵנִים

קְרִיאָה מַעֲמִיקָה (פְּסוּקִים ט"ז–כ')

1 אֲנַחְנוּ יוֹדְעִים שֶׁהַזְּקֵנִים יִשְׁמְעוּ לְמֹשֶׁה, כִּי כָּתוּב:

"____" (פָּסוּק ________)

2 לָמָּה חָשׁוּב שֶׁמֹּשֶׁה יֶאֱסֹף אֶת הַזְּקֵנִים, לְדַעְתְּכֶם?

____

____

3 מָה יְבַקְּשׁוּ מֹשֶׁה וְהַזְּקֵנִים מִמֶּלֶךְ מִצְרַיִם?

____

____

4 מֶלֶךְ מִצְרַיִם יְשַׁלַּח אֶת בנ"י רַק אַחֲרֵי שֶׁ

5 הַאִם לְדַעְתְּכֶם טוֹב לָדַעַת מָה יִקְרֶה בֶּעָתִיד?

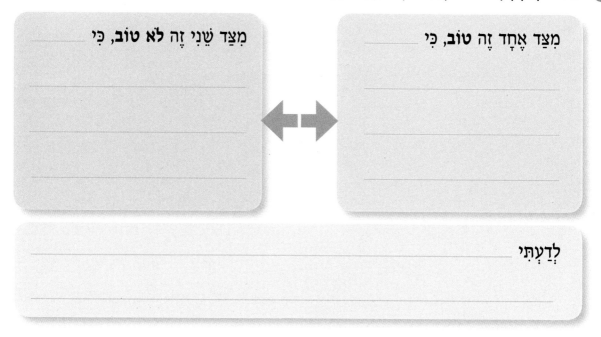

מִצַּד אֶחָד זֶה **טוֹב**, כִּי

מִצַּד שֵׁנִי זֶה **לֹא טוֹב**, כִּי

לְדַעְתִּי

the task / will agree

6 הַאִם עַכְשָׁו יַסְכִּים מֹשֶׁה לְקַבֵּל אֶת הַתַּפְקִיד, לְדַעְתְּכֶם? **הַסְבִּירוּ**.

will convince

7 אַתֶּם מֹשֶׁה: מָה יְשַׁכְנֵעַ אֶתְכֶם לָלֶכֶת לְפַרְעֹה?

בַּחֲרוּ צִטּוּט מַתְאִים לַכּוֹתֶרֶת **וְכִתְבוּ** בְּעַמּוּד 69

פֶּרֶק ד' פְּסוּקִים א'–ט'

"וְהֵן לֹא-יַאֲמִינוּ לִי"

א' וַיַּעַן מֹשֶׁה וַיֹּאמֶר:
"וְהֵן לֹא-יַאֲמִינוּ[1] לִי וְלֹא יִשְׁמְעוּ בְּקֹלִי,
כִּי יֹאמְרוּ: 'לֹא-נִרְאָה[2] אֵלֶיךָ ה' '."

ב' וַיֹּאמֶר אֵלָיו ה':
"מזה (מַה-זֶּה) בְיָדֶךָ?"
וַיֹּאמֶר: "מַטֶּה[3]."

ג' וַיֹּאמֶר: "הַשְׁלִיכֵהוּ[4] אַרְצָה."
וַיַּשְׁלִכֵהוּ אַרְצָה וַיְהִי לְנָחָשׁ[5],
וַיָּנָס[6] מֹשֶׁה מִפָּנָיו.

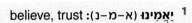

1 **יַאֲמִינוּ** (א–מ–נ): believe, trust
2 **נִרְאָה** (ר–א–ה): appeared
3 **מַטֶּה**: מַקֵּל a staff, rod
4 **הַשְׁלִיכֵהוּ** (ש–ל–כ): הַשְׁלֵךְ אותו, זְרֹק throw it
5 **וַיְהִי לְנָחָשׁ**: הָיָה לְנָחָשׁ it turned into a snake
6 **וַיָּנָס** (נ–ו–ס): הוּא נָס, בָּרַח

ד' וַיֹּאמֶר ה' אֶל-מֹשֶׁה:
"שְׁלַח יָדְךָ וֶאֱחֹז[7] בִּזְנָבוֹ[8],"
וַיִּשְׁלַח יָדוֹ וַיַּחֲזֶק[9] בּוֹ וַיְהִי לְמַטֶּה[10] בְּכַפּוֹ[11].

ה' "לְמַעַן יַאֲמִינוּ[12]
כִּי-נִרְאָה אֵלֶיךָ ה' אֱ-לֹהֵי אֲבֹתָם,
אֱ-לֹהֵי אַבְרָהָם אֱ-לֹהֵי יִצְחָק וֵא-לֹהֵי יַעֲקֹב."

ו' וַיֹּאמֶר ה' לוֹ עוֹד:
"הָבֵא-נָא יָדְךָ בְּחֵיקֶךָ[13]."
וַיָּבֵא יָדוֹ בְּחֵיקוֹ, וַיּוֹצִאָהּ[14]
וְהִנֵּה יָדוֹ מְצֹרַעַת[15] כַּשָּׁלֶג[16].

ז' וַיֹּאמֶר:
"הָשֵׁב[17] יָדְךָ אֶל-חֵיקֶךָ."
וַיָּשֶׁב יָדוֹ אֶל-חֵיקוֹ וַיּוֹצִאָהּ מֵחֵיקוֹ
וְהִנֵּה-שָׁבָה כִּבְשָׂרוֹ[18].

ח' "וְהָיָה אִם-לֹא יַאֲמִינוּ לָךְ
וְלֹא יִשְׁמְעוּ לְקֹל הָאֹת הָרִאשׁוֹן[19],
וְהֶאֱמִינוּ לְקֹל הָאֹת הָאַחֲרוֹן[20].

ט' וְהָיָה אִם-לֹא יַאֲמִינוּ גַּם לִשְׁנֵי הָאֹתוֹת הָאֵלֶּה
וְלֹא יִשְׁמְעוּן לְקֹלֶךָ
וְלָקַחְתָּ מִמֵּימֵי הַיְאֹר[21] וְשָׁפַכְתָּ[22] הַיַּבָּשָׁה[23]
וְהָיוּ הַמַּיִם אֲשֶׁר תִּקַּח מִן-הַיְאֹר
וְהָיוּ לְדָם בַּיַּבָּשֶׁת."

7 **וֶאֱחֹז** (א-ח-ז): הַחְזֵק grab

8 **בִּזְנָבוֹ:** בַּזָּנָב שֶׁלּוֹ by its tail

9 **וַיַּחֲזֶק** (ח-ז-ק): הוּא הֶחְזִיק he held it

10 **וַיְהִי לְמַטֶּה:** it became a staff

11 **בְּכַפּוֹ:** בְּכַף יָדוֹ

12 **לְמַעַן יַאֲמִינוּ:** כְּדֵי שֶׁיַּאֲמִינוּ
so that they will believe

13 **הָבֵא-נָא יָדְךָ בְּחֵיקֶךָ:** שִׂים אֶת הַיָּד שֶׁלְּךָ בְּחֵיקְךָ
put your hand on your chest

14 **וַיּוֹצִאָהּ** (י-צ-א):
הוּא הוֹצִיא אוֹתָהּ he took it out

15 **מְצֹרַעַת:** flaky

16 **כַּשָּׁלֶג:** כְּמוֹ שֶׁלֶג

17 **הָשֵׁב** (ש-ו-ב) **יָדְךָ:** put your hand back

18 **שָׁבָה כִּבְשָׂרוֹ:**
it returned to be like his regular skin

19 **לְקֹל הָאֹת הָרִאשׁוֹן:** לָאוֹת הָרִאשׁוֹן

20 **לְקֹל הָאֹת הָאַחֲרוֹן:** לָאוֹת הַשֵּׁנִי

21 **מִמֵּימֵי הַיְאֹר:** מִן הַמַּיִם שֶׁל הַיְאוֹר

22 **וְשָׁפַכְתָּ** (ש-פ-כ): אַתָּה תִּשְׁפֹּךְ you will pour

23 **הַיַּבָּשָׁה:** עַל הָאָרֶץ

קְרִיאָה מְרַפְרֶפֶת (פְּסוּקִים א׳–ט׳)

בְּבַקָּשָׁה:

1. **סַמְּנוּ** בְּעַמּוּדִים 74–75 בְּוָרֹד אֶת דִּבְרֵי מֹשֶׁה וּבְצָהֹב אֶת דִּבְרֵי אֱ-לֹהִים.
2. **הַקִּיפוּ** בְּמַלְבֵּן אֶת 2 הַשָּׁרָשִׁים הַמַּנְחִים: **א-מ-נ** **ש-מ-ע**.
3. מִי לֹא יַאֲמִין וְלֹא "יִשְׁמַע בְּקוֹל"? ______
4. **הַקִּיפוּ** בְּמַעְגָּל אֶת הַשֹּׁרֶשׁ **ש-ל-ח.** סַךְ הַכֹּל ☐ פְּעָמִים.

קְרִיאָה מַעֲמִיקָה (פְּסוּקִים א׳–ט׳)

1. מָה יַגִּידוּ זִקְנֵי יִשְׂרָאֵל לְמֹשֶׁה? (פָּסוּק א׳)

______

2. אַתֶּם הַזְּקֵנִים. לָמָּה אַתֶּם לֹא מַאֲמִינִים לְמֹשֶׁה?

______

______

______

3 ה׳ נוֹתֵן לְמֹשֶׁה 3 אוֹתוֹת. **צַיְּרוּ** אוֹ **כִּתְבוּ**:

- הָאוֹת הָרִאשׁוֹן: הַ ______ turn into הוֹפֵךְ לְ ______
- הָאוֹת הַשֵּׁנִי: הַ ______ turn into הוֹפֶכֶת לְ ______
- הָאוֹת הַשְּׁלִישִׁי: הַ ______ turn into הוֹפְכִים לְ ______

4 לְמִי הָאוֹתוֹת עוֹזְרִים, לְדַעְתְּכֶם? **הַסְבִּירוּ**.

______

______

5 הַאִם **עַכְשָׁו** יַסְכִּים מֹשֶׁה לְקַבֵּל אֶת הַתַּפְקִיד? **הַסְבִּירוּ**.

______

______

______

פֶּרֶק ד׳ פְּסוּקִים י׳–י״ב

״לֹא אִישׁ דְּבָרִים אָנֹכִי״

י׳ וַיֹּאמֶר מֹשֶׁה אֶל–ה׳:
״בִּי ה׳
לֹא אִישׁ דְּבָרִים[1] אָנֹכִי
גַּם מִתְּמוֹל גַּם מִשִּׁלְשֹׁם[2]
גַּם מֵאָז דַּבֶּרְךָ[3] אֶל–עַבְדֶּךָ,
כִּי כְבַד–פֶּה וּכְבַד לָשׁוֹן אָנֹכִי[4].״

1 **אִישׁ דְּבָרִים** (ד-ב-ר): אִישׁ שֶׁל דִּבּוּרִים
2 **גַּם מִתְּמוֹל גַּם מִשִּׁלְשֹׁם:** לֹא אֶתְמוֹל, וְלֹא לִפְנֵי כֵן
3 **מֵאָז דַּבֶּרְךָ** (ד-ב-ר): מֵהַזְּמַן שֶׁהִתְחַלְתָּ לְדַבֵּר
4 **כִּי כְבַד–פֶּה... אָנֹכִי:** כְּבַד פֶּה = כְּבַד לָשׁוֹן.
הַפֶּה וְהַלָּשׁוֹן כְּאִלּוּ ״כְּבֵדִים״

י״א וַיֹּאמֶר ה׳ אֵלָיו:
״מִי שָׂם פֶּה לָאָדָם
אוֹ מִי–יָשׂוּם אִלֵּם[5] אוֹ חֵרֵשׁ[6] אוֹ פִקֵּחַ[7] אוֹ עִוֵּר[8]?
הֲלֹא אָנֹכִי ה׳[9].

י״ב וְעַתָּה לֵךְ וְאָנֹכִי אֶהְיֶה עִם–פִּיךָ[10]
וְהוֹרֵיתִיךָ[11] אֲשֶׁר תְּדַבֵּר.״

5 **אִלֵּם:** לֹא יָכֹל לְדַבֵּר
6 **חֵרֵשׁ:** לֹא יָכֹל לִשְׁמֹעַ
7 **פִקֵּחַ:** יָכֹל לִרְאוֹת
8 **עִוֵּר:** לֹא יָכֹל לִרְאוֹת
9 **הֲלֹא אָנֹכִי ה׳:** אֲנִי ה׳ (שֶׁנּוֹתֵן לָהֶם אֶת הַתְּכוּנוֹת)
10 **פִיךָ:** הַפֶּה שֶׁלְּךָ
11 **וְהוֹרֵיתִיךָ** (י-ר-ה): אֲנִי אֲלַמֵּד אוֹתְךָ

קְרִיאָה מְרַפְרֶפֶת (פְּסוּקִים י׳-י״ב)

בְּבַקָּשָׁה:

1 **סַמְּנוּ** בְּוָרֹד אֶת דִּבְרֵי מֹשֶׁה וּבְצָהֹב אֶת דִּבְרֵי אֱ-לֹהִים.

connected with

2 **הַקִּיפוּ** בְּמַעְגָּל אֶת הַמִּלִּים הַקְּשׁוּרוֹת **לְדִבּוּר**.

3 הַנּוֹשֵׂא שֶׁל הַקֶּטַע הוּא ______

- מֹשֶׁה אוֹמֵר: ______
- אֱ-לֹהִים אוֹמֵר: ______

קְרִיאָה מַעֲמִיקָה (פְּסוּקִים י׳-י״ב)

his abilities

1 לְפִי דִּבְרֵי ה׳, מִי נוֹתֵן לָאָדָם אֶת הַיְּכוֹלוֹת שֶׁלּוֹ? ______ (פָּסוּק י״א)

2 לְמָה הִתְכַּוֵּן מֹשֶׁה כְּשֶׁאָמַר "לֹא אִישׁ דְּבָרִים אָנֹכִי" (פָּסוּק י׳), לְדַעְתְּכֶם?

______

3 הַאִם עַכְשָׁו יַסְכִּים מֹשֶׁה לְקַבֵּל אֶת הַתַּפְקִיד, לְדַעְתְּכֶם? **הַסְבִּירוּ**.

______

פֶּרֶק ד' פְּסוּקִים י"ג–י"ז

"שְׁלַח–נָא בְּיַד–תִּשְׁלָח"

י"ג וַיֹּאמֶר: "בִּי[1] ה', שְׁלַח–נָא בְּיַד–תִּשְׁלָח[2]."

י"ד וַיִּחַר–אַף[3] ה' בְּמֹשֶׁה וַיֹּאמֶר:

"הֲלֹא אַהֲרֹן אָחִיךָ הַלֵּוִי יָדַעְתִּי כִּי–דַבֵּר יְדַבֵּר הוּא,

וְגַם הִנֵּה–הוּא יֹצֵא לִקְרָאתֶךָ[4]

וְרָאֲךָ[5] וְשָׂמַח[6] בְּלִבּוֹ.

ט"ו וְדִבַּרְתָּ[7] אֵלָיו וְשַׂמְתָּ[8] אֶת–הַדְּבָרִים בְּפִיו[9],

וְאָנֹכִי אֶהְיֶה עִם–פִּיךָ וְעִם–פִּיהוּ[10]

וְהוֹרֵיתִי אֶתְכֶם[11] אֵת אֲשֶׁר תַּעֲשׂוּן.

ט"ז וְדִבֶּר–הוּא לְךָ אֶל–הָעָם,

וְהָיָה הוּא יִהְיֶה–לְּךָ לְפֶה

וְאַתָּה תִּהְיֶה–לּוֹ לֵא–לֹהִים[12].

י"ז וְאֶת–הַמַּטֶּה הַזֶּה תִּקַּח בְּיָדֶךָ,

אֲשֶׁר תַּעֲשֶׂה–בּוֹ אֶת–הָאֹתֹת."

1 **בִּי:** בְּבַקָּשָׁה

2 **שְׁלַח–נָא בְּיַד–תִּשְׁלָח** (ש–ל–ח): תִּשְׁלַח אֶת מִי שֶׁאַתָּה רוֹצֶה לִשְׁלֹחַ, אֲבָל אַל תִּשְׁלַח אוֹתִי

3 **וַיִּחַר–אַף:** כָּעַס

4 **לִקְרָאתֶךָ:** toward you

5 **וְרָאֲךָ** (ר–א–ה): הוּא יִרְאֶה אוֹתְךָ

6 **וְשָׂמַח** (ש–מ–ח): יִהְיֶה שָׂמֵחַ

7 **וְדִבַּרְתָּ** (ד–ב–ר): אַתָּה תְּדַבֵּר

8 **וְשַׂמְתָּ** (ש–י–מ): אַתָּה תָּשִׂים

9 **בְּפִיו:** בַּפֶּה שֶׁלּוֹ

10 **פִּיהוּ:** הַפֶּה שֶׁלּוֹ

11 **וְהוֹרֵיתִי** (י–ר–ה) **אֶתְכֶם:** אֲנִי אֲלַמֵּד אֶתְכֶם

12 **וְאַתָּה תִּהְיֶה–לּוֹ לֵא–לֹהִים:** אַתָּה תִּהְיֶה בִּשְׁבִיל אַהֲרֹן כְּמוֹ אֱלֹ-הִים (וְתַגִּיד לוֹ מָה לוֹמַר)

קְרִיאָה מְרַפְרֶפֶת (פְּסוּקִים י"ג-י"ז)

בְּבַקָּשָׁה:

1 **סַמְּנוּ** **בְּוָרֹד** אֶת דִּבְרֵי מֹשֶׁה **וּבְצָהֹב** אֶת דִּבְרֵי אֱ-לֹהִים.

1א. מִי מְדַבֵּר יוֹתֵר? מַדּוּעַ, לְדַעְתְּכֶם?

2 מֹשֶׁה אוֹמֵר

אֱ-לֹהִים אוֹמֵר שֶׁאַהֲרֹן

3 **צַיְּרוּ** פֶּה מֵעַל הַמִּלִּים הַקְּשׁוּרוֹת לְדִבּוּר.

4 הַדְּמוּת הַחֲדָשָׁה הִיא

5 עַל מָה מֵהַדְּבָרִים שֶׁמֹּשֶׁה אָמַר - ה' עוֹנֶה? (רְאוּ פָּסוּק י')

6 **קִרְאוּ** בְּקוֹל אֶת "שְׁלַח-נָא בְּיַד-תִּשְׁלָח".

אֵיזֶה סִימָן מַתְאִים לְסוֹף הַמִּשְׁפָּט, לְדַעְתְּכֶם? [.] [?] [!] [...]

בַּחֲרוּ **וְהַסְבִּירוּ**. [ ]

7 **הַקִּיפוּ** **בְּמַעְגָּל** אֶת הַשֹּׁרֶשׁ **ש-ל-ח**. סַךְ הַכֹּל [ ] פְּעָמִים.

קְרִיאָה מַעֲמִיקָה (פְּסוּקִים י"ג-י"ז)

1 בְּמָה דִּבְרֵי מֹשֶׁה עַכְשָׁו (פָּסוּק י"ג), שׁוֹנִים מֵהַדְּבָרִים שֶׁאָמַר עַד עַכְשָׁו? **הַסְבִּירוּ.**

עַד עַכְשָׁו ____________________

עַכְשָׁו ____________________

what does he mean

2 מֹשֶׁה אוֹמֵר: "שְׁלַח-נָא בְּיַד-תִּשְׁלָח" (פָּסוּק י"ג). לְמָה הוּא מִתְכַּוֵּן, לְדַעְתְּכֶם?

____

3 לָמָּה הַפַּעַם ה' כּוֹעֵס? ____________________

____

4 מִי יְדַבֵּר עִם מִי? **הַשְׁלִימוּ.**
(פְּסוּקִים ט"ו-ט"ז)

ה' יְדַבֵּר עִם ____________

מֹשֶׁה יְדַבֵּר עִם ____________

אַהֲרֹן יְדַבֵּר עִם ____________

5 מִי וּמָה יַעַזְרוּ לְמֹשֶׁה בַּתַּפְקִיד? (פְּסוּקִים י"ד-י"ז)

____

6 הַאִם עַכְשָׁו יַסְכִּים מֹשֶׁה לְקַבֵּל אֶת הַתַּפְקִיד, לְדַעְתְּכֶם? **הַסְבִּירוּ.**

____

____

הַדּוּ-שִׂיחַ בֵּין מֹשֶׁה לַה' (בְּקִצּוּר)

(פֶּרֶק ג' פָּסוּק י"א - פֶּרֶק ד' פָּסוּק ט"ו)

1 בִּשְׁלֹשׁ תְּשׁוּבוֹת שֶׁל אֱ-לֹהִים יֵשׁ "הֵד" לִשְׁאֵלוֹת שֶׁל מֹשֶׁה.

סַמְּנוּ אֶת הַמִּלִּים הַחוֹזְרוֹת אוֹ הַדּוֹמוֹת בְּאוֹתוֹ צֶבַע.

מֹשֶׁה	אֱ-לֹהִים
"מִי אָנֹכִי כִּי אֵלֵךְ אֶל-פַּרְעֹה, וְכִי אוֹצִיא אֶת-בְּנֵי יִשְׂרָאֵל מִמִּצְרָיִם." (פֶּרֶק ג' פָּסוּק י"א)	"כִּי-אֶהְיֶה עִמָּךְ וְזֶה-לְּךָ הָאוֹת כִּי אָנֹכִי שְׁלַחְתִּיךָ בְּהוֹצִיאֲךָ אֶת-הָעָם מִמִּצְרַיִם..." (פֶּרֶק ג' פָּסוּק י"ב)
"הִנֵּה אָנֹכִי בָא אֶל-בְּנֵי יִשְׂרָאֵל וְאָמַרְתִּי לָהֶם: 'אֱ-לֹהֵי אֲבוֹתֵיכֶם שְׁלָחַנִי אֲלֵיכֶם, וְאָמְרוּ-לִי מַה-שְּׁמוֹ מָה אֹמַר אֲלֵהֶם.'" (פֶּרֶק ג' פָּסוּק י"ג)	"אֶהְיֶה אֲשֶׁר אֶהְיֶה... אֶהְיֶה שְׁלָחַנִי אֲלֵיכֶם. ...ה' אֱ-לֹהֵי אֲבֹתֵיכֶם אֱ-לֹהֵי אַבְרָהָם אֱ-לֹהֵי יִצְחָק וֵא-לֹהֵי יַעֲקֹב שְׁלָחַנִי אֲלֵיכֶם, זֶה-שְּׁמִי לְעֹלָם וְזֶה זִכְרִי לְדֹר דֹּר." (פֶּרֶק ג' פְּסוּקִים י"ד-ט"ו)

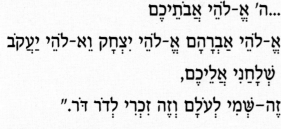

מֹשֶׁה	אֱ-לֹהִים
"וְהֵן לֹא-יַאֲמִינוּ לִי וְלֹא יִשְׁמְעוּ בְּקֹלִי, כִּי יֹאמְרוּ: 'לֹא-נִרְאָה אֵלֶיךָ ה'.'" (פֶּרֶק ד' פָּסוּק א')	"לְמַעַן יַאֲמִינוּ כִּי-נִרְאָה אֵלֶיךָ ה'... וְהָיָה אִם-לֹא יַאֲמִינוּ לָךְ וְלֹא יִשְׁמְעוּ לְקֹל הָאֹת הָרִאשׁוֹן וְהֶאֱמִינוּ לְקֹל הָאֹת הָאַחֲרוֹן." (פֶּרֶק ד' פְּסוּקִים ב'-ט')
"...לֹא אִישׁ דְּבָרִים אָנֹכִי... כִּי כְבַד-פֶּה וּכְבַד לָשׁוֹן אָנֹכִי." (פֶּרֶק ד' פָּסוּק י')	"...מִי שָׂם פֶּה לָאָדָם... וְאָנֹכִי אֶהְיֶה עִם-פִּיךָ וְהוֹרֵיתִיךָ אֲשֶׁר תְּדַבֵּר." (פֶּרֶק ד' פְּסוּקִים י"א-י"ב)
"שְׁלַח-נָא בְּיַד-תִּשְׁלָח." (פֶּרֶק ד' פָּסוּק י"ג)	"...הֲלֹא אַהֲרֹן אָחִיךָ הַלֵּוִי יָדַעְתִּי כִּי-דַבֵּר יְדַבֵּר... הוּא יִהְיֶה-לְּךָ לְפֶה וְאַתָּה תִּהְיֶה-לּוֹ לֵא-לֹהִים." (פֶּרֶק ד' פְּסוּקִים י"ד-ט"ז)

1 מָה לוֹמְדִים עַל ה׳ מִן הַ״הֵד״?

1א. אֵיפֹה לֹא מְצָאתֶם ״הֵד״?

1ב. לָמָּה אֵין ״הֵד״ בִּפְסוּקִים י״ד-ט״ו, לְדַעְתְּכֶם?

musical instruments

2 **בַּחֲרוּ** לְכָל שְׁאֵלָה וּלְכָל תְּשׁוּבָה כְּלֵי נְגִינָה מַתְאִימִים. **כִּתְבוּ** אוֹ **צַיְּרוּ** בְּעַמּוּדִים 83-84.

3 הַשֹּׁרֶשׁ **ש-ל-ח** חוֹזֵר:

- בְּפֶרֶק ג׳ פְּסוּקִים ז׳-י׳ — עַמּוּד 56 — סַךְ הַכֹּל ☐ פְּעָמִים
- בְּפֶרֶק ג׳ פְּסוּקִים י״א-י״ב — עַמּוּד 61 — סַךְ הַכֹּל ☐ פְּעָמִים
- בְּפֶרֶק ג׳ פְּסוּקִים י״ג-ט״ו — עַמּוּד 66 — סַךְ הַכֹּל ☐ פְּעָמִים
- בְּפֶרֶק ד׳ פְּסוּקִים א׳-ט׳ — עַמּוּד 76 — סַךְ הַכֹּל ☐ פְּעָמִים
- בְּפֶרֶק ד׳ פְּסוּקִים י״ג-י״ז — עַמּוּד 81 — סַךְ הַכֹּל ☐ פְּעָמִים

סַךְ הַכֹּל ☐ פְּעָמִים

3א. לָמָּה הַפֹּעַל הַזֶּה חוֹזֵר הַרְבֵּה פְּעָמִים?

4 אַתֶּם מֹשֶׁה:

- מַהִי הַתְּשׁוּבָה **הַחֲשׁוּבָה בְּיוֹתֵר** שֶׁשְּׁמַעְתֶּם מֵה'? **הַסְבִּירוּ.**

- מַהוּ הַדָּבָר **הַקָּשֶׁה בְּיוֹתֵר** שֶׁאֲמַרְתֶּם לַה'? **הַסְבִּירוּ.**

- מָה רְצִיתֶם לִשְׁמֹעַ מֵה'?

- מַהִי הַתְּשׁוּבָה **הַפָּחוֹת חֲשׁוּבָה** שֶׁקִּבַּלְתֶּם מֵה'? **הַסְבִּירוּ.**

- אָהַבְתִּי מְאוֹד שֶׁה' אָמַר: "________________"
  כִּי ________________
  לֹא אָהַבְתִּי שֶׁמֹּשֶׁה אָמַר: "________________"
  כִּי ________________

לְסִכּוּם פְּרָקִים ב׳–ד׳

בַּחֲרוּ 2 פְּעִילֻיּוֹת

- לִפְנֵיכֶם 3 דְּמֻיּוֹת מִפֶּרֶק ב׳:
  אַחַד הָעִבְרִים, פַּרְעֹה, אַחַת מִבְּנוֹת רְעוּאֵל.
  כִּתְבוּ מָה הַדְּמֻיּוֹת **חוֹשְׁבוֹת וּמַרְגִּישׁוֹת**
  כְּלַפֵּי מֹשֶׁה.

prepared him
- מָה הֵם הַמִּקְרִים בְּחַיֵּי מֹשֶׁה שֶׁהֵכִינוּ אוֹתוֹ
  the mission
  לְקַבֵּל אֶת הַשְּׁלִיחוּת?
  quotations
  בַּחֲרוּ 2 מִקְרִים, **כִּתְבוּ** 2 צִטּוּטִים,

  צַיְּרוּ וְהַסְבִּירוּ.

- הָכִינוּ אַלְבּוֹם תְּמוּנוֹת מֵחַיֵּי מֹשֶׁה.
  בְּחֵלֶק אֶחָד – תְּמוּנוֹת שֶׁל דְּבָרִים
  שֶׁהוּא רוֹצֶה לִזְכֹּר.
  בְּחֵלֶק הַשֵּׁנִי – דְּבָרִים שֶׁהוּא רוֹצֶה
  לִשְׁכֹּחַ.
  הַסְבִּירוּ לָמָּה בְּחַרְתֶּם כָּךְ.

- **כִּתְבוּ** מִכְתָּב לְחָבֵר.
  לִפְעָמִים אֲנִי מַרְגִּישׁ כְּמוֹ מֹשֶׁה...

- מֹשֶׁה חוֹזֵר לְמִצְרַיִם וּמְשׂוֹחֵחַ.
  בַּחֲרוּ אֶת הַדְּמוּת.
  הַמְחִיזוּ אֶת הַשִּׂיחָה **וְהַצִּיגוּ** אוֹתָהּ.

פֶּרֶק ה׳ פְּסוּקִים א׳–ה׳

אֵיךְ הֵגִיב פַּרְעֹה?

א׳ וְאַחַר בָּאוּ מֹשֶׁה וְאַהֲרֹן
וַיֹּאמְרוּ אֶל–פַּרְעֹה:
"כֹּה–אָמַר ה׳ אֱ-לֹהֵי יִשְׂרָאֵל:
׳שַׁלַּח אֶת–עַמִּי וְיָחֹגּוּ לִי[1] בַּמִּדְבָּר.׳"

ב׳ וַיֹּאמֶר פַּרְעֹה:
"מִי ה׳ אֲשֶׁר אֶשְׁמַע בְּקֹלוֹ לְשַׁלַּח אֶת–יִשְׂרָאֵל.
לֹא יָדַעְתִּי אֶת–ה׳
וְגַם אֶת–יִשְׂרָאֵל לֹא אֲשַׁלֵּחַ."

ג׳ וַיֹּאמְרוּ:
"אֱ-לֹהֵי הָעִבְרִים נִקְרָא[2] עָלֵינוּ,
נֵלְכָה נָּא דֶּרֶךְ שְׁלֹשֶׁת יָמִים בַּמִּדְבָּר
וְנִזְבְּחָה[3] לַה׳ אֱ–לֹהֵינוּ
פֶּן[4]–יִפְגָּעֵנוּ[5] בַּדֶּבֶר[6] אוֹ בֶחָרֶב[7]."

1 **וְיָחֹגּוּ לִי** (ח–ג–ג): יַעֲשׂוּ לִי חַג

2 **נִקְרָא**: נִרְאָה

3 **וְנִזְבְּחָה** (ז–ב–ח): נַעֲלֶה קָרְבָּנוֹת

4 **פֶּן**: lest

5 **יִפְגָּעֵנוּ** (פ–ג–ע): יִפְגַּע בָּנוּ will strike us

6 **דֶּבֶר**: מַחֲלָה קָשָׁה

7 **בֶחָרֶב**: by the sword

ד׳ וַיֹּאמֶר אֲלֵהֶם מֶלֶךְ מִצְרַיִם:

"לָמָּה מֹשֶׁה וְאַהֲרֹן

תַּפְרִיעוּ[8] אֶת־הָעָם מִמַּעֲשָׂיו,

לְכוּ לְסִבְלֹתֵיכֶם[9]."

ה׳ וַיֹּאמֶר פַּרְעֹה:

"הֵן[10]־רַבִּים עַתָּה עַם הָאָרֶץ,

וְהִשְׁבַּתֶּם[11] אֹתָם מִסִּבְלֹתָם."

[8] **תַּפְרִיעוּ:** disturb

[9] **לְסִבְלֹתֵיכֶם** (ס-ב-ל): לָעֲבוֹדָה שֶׁלָּכֶם

[10] **הֵן:** הִנֵּה

[11] **וְהִשְׁבַּתֶּם** (ש-ב-ת): הִפְסַקְתֶּם you have stopped

קְרִיאָה מְרַפְרֶפֶת (פְּסוּקִים א'-ה')

בְּבַקָּשָׁה:

1 **סַמְּנוּ** בְּעַמּוּדִים 88–89 בְּצֶבַע וָרֹד אֶת דִּבְרֵי מֹשֶׁה וְאַהֲרֹן וּבְצֶבַע יָרֹק אֶת דִּבְרֵי פַּרְעֹה.

2 **הַקִּיפוּ** בְּמַעְגָּל אֶת הַשֹּׁרֶשׁ הַחוֹזֵר 3 פְּעָמִים. (פְּסוּקִים א'-ב')

3 **סַמְּנוּ** קַו מִתַּחַת לַמִּלָּה "לֹא" (פָּסוּק ב'). אֶת הַמִּלָּה הַזֹּאת אוֹמֵר ______________.

4 מָה הַנּוֹשֵׂא שֶׁל הַקֶּטַע, לְדַעְתְּכֶם? ______________

- מֹשֶׁה וְאַהֲרֹן ______________
- פַּרְעֹה ______________

קְרִיאָה מַעֲמִיקָה (פְּסוּקִים א'-ה')

1 מֹשֶׁה וְאַהֲרֹן מְבַקְשִׁים שֶׁפַּרְעֹה (פָּסוּק א'): ______________

____

1א. בְּאֵיזֶה טוֹן הֵם אוֹמְרִים אֶת זֶה? **קִרְאוּ בְּקוֹל** בַּטּוֹן הַמַּתְאִים.

2 לָמָּה הֵם מוֹסִיפִים "...דֶּרֶךְ שְׁלֹשֶׁת יָמִים" (פָּסוּק ג')?

____

3 לָמָה הֵם מוֹסִיפִים "פֶּן יִפְגָּעֵנוּ בַּדֶּבֶר אוֹ בֶחָרֶב" (פָּסוּק ג')?

3א. בְּאֵיזֶה טוֹן הֵם אוֹמְרִים אֶת זֶה? **קִרְאוּ בְּקוֹל** בַּטּוֹן הַמַּתְאִים. (פָּסוּק ג')

4 **הַשְׁלִימוּ:**

פַּרְעֹה אוֹמֵר (פָּסוּק ב'): "לֹא ______ אֶת ה'."

4א. לְמָה הוּא מִתְכַּוֵּן, לְדַעְתְּכֶם?

4ב. בְּאֵיזֶה טוֹן פַּרְעֹה מְדַבֵּר עַל ה'? ______.

4ג. **קִרְאוּ בְּקוֹל** בַּטּוֹן הַמַּתְאִים.

5 מִי בָּא אֶל פַּרְעֹה? (פָּסוּק א') ______

5א. מָה קָרָה לַזְּקֵנִים, לְדַעְתְּכֶם?

בַּחֲרוּ צִטּוּט מַתְאִים לַכּוֹתֶרֶת **וְכִתְבוּ** בְּעַמּוּד 88

רָשִׁ"י: הַזְּקֵנִים

אבל הזקנים נשמטו אחד אחד את משה ואהרון על שעזבו כולם קדם שהגיעו לארמון, כי פחדו ללכת.

אֲבָל הַזְּקֵנִים נִשְׁמְטוּ (עָזְבוּ) אֶחָד אֶחָד אֶת מֹשֶׁה וְאַהֲרֹן עַד שֶׁכֻּלָּם עָזְבוּ קֹדֶם (לִפְנֵי) שֶׁהִגִּיעוּ לָאַרְמוֹן, כִּי פָּחֲדוּ לָלֶכֶת.

6

- מַהִי הַשְּׁאֵלָה שֶׁעָלֶיהָ רָשִׁ"י עוֹנֶה? __________
- מַהִי הַתְּשׁוּבָה שֶׁל רָשִׁ"י? __________

פִּנַּת הַמִּדְרָשׁ

אֵיפֹה הַזְּקֵנִים?

דָּוִד בֶּן עַמְרָם מְסַפֵּר:

כַּאֲשֶׁר הִתְקָרְבוּ מֹשֶׁה וְאַהֲרֹן וְהַזְּקֵנִים לְאַרְמוֹן פַּרְעֹה, הַזְּקֵנִים רָאוּ לְיַד הָאַרְמוֹן אֲנָשִׁים מִבְּנֵי יִשְׂרָאֵל שֶׁהוּצְאוּ לְהוֹרֵג מִפְּנֵי שֶׁלֹּא עָשׂוּ כְּדִבְרֵי פַּרְעֹה. הַזְּקֵנִים פָּחֲדוּ וְאָמְרוּ לְמֹשֶׁה: אֲנַחְנוּ מַעֲדִיפִים לִהְיוֹת עֲבָדִים וְלֹא לָמוּת.

- לָמָּה הַזְּקֵנִים לֹא בָּאוּ לְאַרְמוֹן הַמֶּלֶךְ?

מַהִי הַגְּזֵרָה הַחֲדָשָׁה שֶׁל פַּרְעֹה?

גְּזֵרָה: חֹק חָדָשׁ וְרַע

ו׳ וַיְצַו[1] פַּרְעֹה בַּיּוֹם הַהוּא,
אֶת-הַנֹּגְשִׂים[2] בָּעָם וְאֶת-שֹׁטְרָיו[3] לֵאמֹר:

ז׳ ״לֹא תֹאסִפוּן לָתֵת[4] תֶּבֶן[5] לָעָם
לִלְבֹּן הַלְּבֵנִים[6] כִּתְמוֹל שִׁלְשֹׁם[7],
הֵם יֵלְכוּ וְקֹשְׁשׁוּ[8] לָהֶם תֶּבֶן.

ח׳ וְאֶת-מַתְכֹּנֶת[9] הַלְּבֵנִים
אֲשֶׁר הֵם עֹשִׂים תְּמוֹל שִׁלְשֹׁם
תָּשִׂימוּ עֲלֵיהֶם
לֹא תִגְרְעוּ[10] מִמֶּנּוּ,
כִּי-נִרְפִּים[11] הֵם
עַל-כֵּן הֵם צֹעֲקִים לֵאמֹר:
׳נֵלְכָה נִזְבְּחָה לֵא-לֹהֵינוּ.׳

ט׳ תִּכְבַּד[12] הָעֲבֹדָה עַל-הָאֲנָשִׁים
וְיַעֲשׂוּ-בָהּ,
וְאַל-יִשְׁעוּ[13] בְּדִבְרֵי-שָׁקֶר.״

1 **וַיְצַו** (צ-ו-ה)**:** הוּא צִוָּה he commanded
2 **הַנֹּגְשִׂים:** הַ״מְּנַהֲלִים״ שֶׁל הַשּׁוֹטְרִים הָעִבְרִים taskmasters
3 **שֹׁטְרָיו** (ש-ט-ר)**:** his foremen
4 **לֹא תֹאסִפוּן לָתֵת:** לֹא תִּתְּנוּ
5 **תֶּבֶן:** straw
6 **לִלְבֹּן הַלְּבֵנִים:** to make bricks
7 **כִּתְמוֹל שִׁלְשֹׁם:** כְּמוֹ קֹדֶם
8 **וְקֹשְׁשׁוּ:** יֶאֶסְפוּ
9 **מַתְכֹּנֶת:** מִסְפָּר
10 **לֹא תִגְרְעוּ:** לֹא תַּחְסִירוּ do not reduce
11 **נִרְפִּים:** עַצְלָנִים, לֹא רוֹצִים לַעֲבֹד
12 **תִּכְבַּד** (כ-ב-ד)**:** תִּהְיֶה כְּבֵדָה
13 **וְאַל-יִשְׁעוּ:** וְלֹא יָשִׂימוּ לֵב

פֶּרֶק ה׳ פְּסוּקִים י׳–י״ד

אֵיךְ הֵגִיב הָעָם לַגְּזֵרָה הַחֲדָשָׁה?

י׳ וַיֵּצְאוּ נֹגְשֵׂי הָעָם וְשֹׁטְרָיו
וַיֹּאמְרוּ אֶל-הָעָם לֵאמֹר:
״כֹּה אָמַר פַּרְעֹה:
׳אֵינֶנִּי נֹתֵן לָכֶם תֶּבֶן.

י״א אַתֶּם לְכוּ
קְחוּ לָכֶם תֶּבֶן מֵאֲשֶׁר[1] תִּמְצָאוּ
כִּי אֵין נִגְרָע[2] מֵעֲבֹדַתְכֶם דָּבָר.׳״

י״ב וַיָּפֶץ[3] הָעָם בְּכָל-אֶרֶץ מִצְרָיִם
לְקֹשֵׁשׁ קַשׁ לַתֶּבֶן.

י״ג וְהַנֹּגְשִׂים אָצִים[4] לֵאמֹר:
״כַּלּוּ[5] מַעֲשֵׂיכֶם דְּבַר-יוֹם בְּיוֹמוֹ[6]
כַּאֲשֶׁר בִּהְיוֹת הַתֶּבֶן[7].״

1 **מֵאֲשֶׁר:** מִן הַמָּקוֹם
2 **אֵין נִגְרָע:** לֹא יִהְיֶה פָּחוֹת
3 **וַיָּפֶץ** (נ-פ-צ): הִתְפַּזֵּר, כָּל אֶחָד הָלַךְ לְמָקוֹם אַחֵר
4 **אָצִים:** לוֹחֲצִים pressured
5 **כַּלּוּ** (כ-ל-ה): סַיְּמוּ, גִּמְרוּ
6 **דְּבַר-יוֹם בְּיוֹמוֹ:** בְּכָל יוֹם וָיוֹם
7 **כַּאֲשֶׁר בִּהְיוֹת הַתֶּבֶן:** כְּמוֹ שֶׁהָיָה כַּאֲשֶׁר הָיָה לָכֶם תֶּבֶן

י״ד וַיֻּכּוּ[8] שֹׁטְרֵי בְּנֵי יִשְׂרָאֵל
אֲשֶׁר־שָׂמוּ עֲלֵהֶם נֹגְשֵׂי פַּרְעֹה לֵאמֹר:
״מַדּוּעַ לֹא כִלִּיתֶם[9] חָקְכֶם[10]
לִלְבֹּן[11] כִּתְמוֹל שִׁלְשֹׁם
גַּם־תְּמוֹל גַּם־הַיּוֹם?״

8 **וַיֻּכּוּ** (נ־כ־ה): they were beaten
9 **לֹא כִלִּיתֶם** (כ־ל־ה): לֹא גְּמַרְתֶּם
10 **חָקְכֶם:** חֹק = כַּמּוּת (quantity)
11 **לִלְבֹּן:** לַעֲשׂוֹת לְבֵנִים

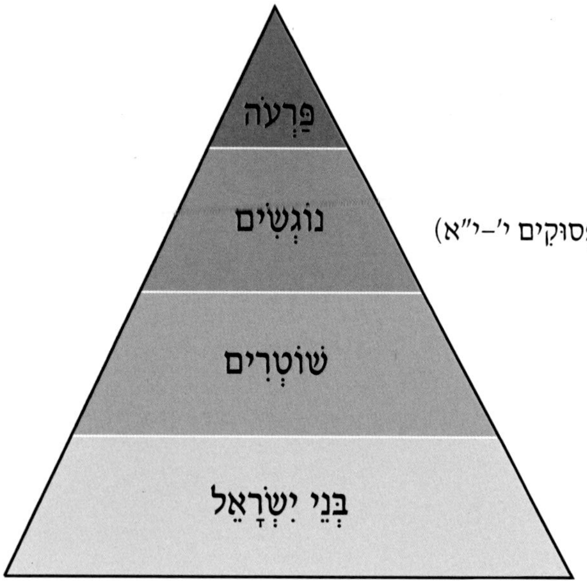

בְּבַקָּשָׁה:

1 הַנּוֹגְשִׂים וְהַשּׁוֹטְרִים חוֹזְרִים עַל דִּבְרֵי פַּרְעֹה.

סַמְּנוּ בְּעַמּוּד 94 בְּצֶבַע צָהֹב אֶת דִּבְרֵיהֶם. (פְּסוּקִים י'–י"א)

```
פַּרְעֹה
נוֹגְשִׂים
שׁוֹטְרִים
בְּנֵי יִשְׂרָאֵל
```

2 אֲנַחְנוּ לוֹמְדִים שֶׁמִּסְפַּר הַלְּבֵנִים לֹא מִשְׁתַּנֶּה, כִּי כָּתוּב:

• בְּפָסוּק י"א: "

_____ "

• בְּפָסוּק י"ג: "

_____ "

3 כֵּיצַד הָעָם מֵגִיב לְדִבְרֵי הַשּׁוֹטְרִים וְהַנּוֹגְשִׂים? (פָּסוּק י"ב)

_____

4 מִפָּסוּק י"ד אֲנַחְנוּ מְבִינִים שֶׁבְּנֵ"י: ☐ עָשׂוּ אֶת הַכַּמּוּת ☐ לֹא עָשׂוּ אֶת הַכַּמּוּת

כִּי כָּתוּב: "

_____ "

קְרִיאָה מַעֲמִיקָה (פְּסוּקִים י'-י"ד)

1 פַּרְעֹה שָׂם אֶת הַ__________ מֵעַל הַשּׁוֹטְרִים (פָּסוּק י"ד)

הַשּׁוֹטְרִים הֵם: ☐ מִבְּנֵי יִשְׂרָאֵל ☐ מִצְרִים.

הַנּוֹגְשִׂים הֵם: ☐ מִבְּנֵי יִשְׂרָאֵל ☐ מִצְרִים.

2 מִי הִכָּה אֶת הַשּׁוֹטְרִים? **כִּתְבוּ וְצַיְּרוּ.**

- **אֶפְשָׁרוּת א':**

הַנּוֹגְשִׂים הַמִּצְרִים הִכּוּ אֶת שׁוֹטְרֵי יִשְׂרָאֵל

כִּי __________________________

- **אֶפְשָׁרוּת ב':**

בְּנֵי יִשְׂרָאֵל הִכּוּ אֶת שׁוֹטְרֵי יִשְׂרָאֵל

כִּי __________________________

2א. לְדַעְתִּי, הַפֵּרוּשׁ הַנָּכוֹן הוּא: ☐ אֶפְשָׁרוּת א' ☐ אֶפְשָׁרוּת ב'

כִּי __________________________

3 אַתֶּם אֶחָד מִבְּנֵי יִשְׂרָאֵל. כִּתְבוּ מִכְתָּב לַשּׁוֹטְרִים מִבְּנֵי יִשְׂרָאֵל.

בַּחֲרוּ צִטּוּט מַתְאִים לַכּוֹתֶרֶת **וְכִתְבוּ** בְּעַמּוּד 94

רַשִׁ"י: מִי הָיוּ הַשּׁוֹטְרִים? (בִּלְשׁוֹנֵנוּ)

hurried   had compassion

הַשּׁוֹטְרִים הָיוּ יִשְׂרְאֵלִים וְרִחֲמוּ עַל הַחֲבֵרִים שֶׁלָּהֶם וְלֹא זֵרְזוּ אוֹתָם.

וּכְשֶׁהָיוּ הַנּוֹגְשִׂים הַמִּצְרִים סוֹפְרִים אֶת הַלְּבֵנִים, וְהָיָה חָסֵר, הָיוּ מַכִּים אוֹתָם.

4 לְפִי רַשִׁ"י: הַשּׁוֹטְרִים הָיוּ ____________________

- מִי הִכָּה אוֹתָם? ____________________
- לָמָּה הִכּוּ אוֹתָם? ____________________

____

הַתּוֹרָה מְסַפֶּרֶת

פֶּרֶק ה' פְּסוּקִים ט"ו-י"ח

פֶּרֶק ה' פְּסוּקִים י"ט–כ"ג

אֶת מִי הַשּׁוֹטְרִים מַאֲשִׁימִים?

" "

י"ט וַיִּרְאוּ שֹׁטְרֵי בְנֵי-יִשְׂרָאֵל אֹתָם בְּרָע[1]
לֵאמֹר: "לֹא-תִגְרְעוּ מִלִּבְנֵיכֶם דְּבַר-יוֹם בְּיוֹמוֹ."

כ' וַיִּפְגְּעוּ[2] אֶת-מֹשֶׁה וְאֶת-אַהֲרֹן
נִצָּבִים[3] לִקְרָאתָם[4]
בְּצֵאתָם[5] מֵאֵת פַּרְעֹה.

כ"א וַיֹּאמְרוּ אֲלֵהֶם:
"יֵרֶא ה' עֲלֵיכֶם[6] וְיִשְׁפֹּט.
אֲשֶׁר הִבְאַשְׁתֶּם אֶת-רֵיחֵנוּ[7] בְּעֵינֵי פַרְעֹה
וּבְעֵינֵי עֲבָדָיו
לָתֶת-חֶרֶב בְּיָדָם לְהָרְגֵנוּ[8]."

כ"ב וַיָּשָׁב מֹשֶׁה אֶל-ה' וַיֹּאמַר:
"אֲדֹנָי לָמָה הֲרֵעֹתָה[9] לָעָם הַזֶּה
לָמָּה זֶּה שְׁלַחְתָּנִי?

כ"ג וּמֵאָז בָּאתִי אֶל-פַּרְעֹה לְדַבֵּר בִּשְׁמֶךָ
הֵרַע לָעָם הַזֶּה,
וְהַצֵּל לֹא-הִצַּלְתָּ[10] אֶת-עַמֶּךָ."

1 **בְּרָע:** בְּצָרוֹת in trouble

2 **וַיִּפְגְּעוּ:** הֵם פָּגְשׁוּ

3 **נִצָּבִים** (נ-צ-ב): עוֹמְדִים

4 **לִקְרָאתָם:** toward them

5 **בְּצֵאתָם** (י-צ-א): כַּאֲשֶׁר הֵם יָצְאוּ

6 **יֵרֶא ה' עֲלֵיכֶם:** ה' יִרְאֶה (אֶת הַחֵטְא) שֶׁלָּכֶם

7 **הִבְאַשְׁתֶּם אֶת-רֵיחֵנוּ:** "you made us stink"
עֲשִׂיתֶם לָנוּ שֵׁם רַע

8 **לְהָרְגֵנוּ** (ה-ר-ג): לַהֲרֹג אוֹתָנוּ

9 **הֲרֵעֹתָה** (ר-ע-ה): עָשִׂיתָ רַע

10 **וְהַצֵּל לֹא-הִצַּלְתָּ** (נ-צ-ל): וְאַתָּה לֹא הִצַּלְתָּ

קְרִיאָה מְרַפְרֶפֶת (פְּסוּקִים י"ט-כ"ג)

בְּבַקָּשָׁה:

1 **סַמְּנוּ** בְּעַמּוּד 99 בְּצֶבַע וָרֹד אֶת הַדְּמֻיּוֹת.

2 **הַשְׁלִימוּ** אֶת שְׁמוֹת הַדְּמֻיּוֹת: (פְּסוּקִים י"ט-כ')

______ יָצְאוּ מִפַּרְעֹה

וּפָגְשׁוּ אֶת ______

3 **סַמְּנוּ** בְּצֶבַע צָהֹב אֶת דִּבְרֵי הַשּׁוֹטְרִים.

4 **סַמְּנוּ** בְּצֶבַע כָּחֹל אֶת דִּבְרֵי מֹשֶׁה.

5 **הַקִּיפוּ** בְּמַעְגָּל אֶת "**רַע**". סַךְ הַכֹּל ☐ פְּעָמִים.

קְרִיאָה מַעֲמִיקָה (פְּסוּקִים י"ט-כ"ג)

1 הַמַּצָּב שֶׁל מִי "רַע"?

- **בְּפָסוּק** י"ט: ______
- **בִּפְסוּקִים** כ'-כ"א: ______
- **בְּפָסוּק** כ"ב: ______
- **בְּפָסוּק** כ"ג: ______

2 כַּאֲשֶׁר יֵשׁ לָכֶם בְּעָיָה, אֵיךְ אַתֶּם מְגִיבִים?

☐ כּוֹעֲסִים

☐ עֲצוּבִים

blame someone

☐ מַאֲשִׁימִים אֲחֵרִים

☐ לֹא עוֹשִׂים כְּלוּם

☐ מְחַפְּשִׂים מִישֶׁהוּ שֶׁיַּעֲזֹר

☐ צוֹעֲקִים לַה'

3 לַשּׁוֹטְרִים יֵשׁ בְּעָיָה. אֵיךְ הֵם מְגִיבִים?

______________________ (פָּסוּק ______)

4 בְּמָה הַשּׁוֹטְרִים מַאֲשִׁימִים אֶת מֹשֶׁה וְאַהֲרֹן?

____

5 מִמָּה הַשּׁוֹטְרִים מְפַחֲדִים? (פָּסוּק כ"א) ______________________

____

6 מֹשֶׁה וְאַהֲרֹן: ☐ עוֹנִים ☐ לֹא עוֹנִים לַשּׁוֹטְרִים. מַדּוּעַ, לְדַעְתְּכֶם?

כִּי ______

7 אֵיךְ מֹשֶׁה וְאַהֲרֹן מַרְגִּישִׁים, לְדַעְתְּכֶם? **כִּתְבוּ** שִׂיחָה בֵּין הַשְּׁנַיִם.

מֹשֶׁה: ______

______

אַהֲרֹן: ______

______

מֹשֶׁה: ______

______

אַהֲרֹן: ______

______

blames

8 מֹשֶׁה מַאֲשִׁים אֶת ה' בִּשְׁנֵי דְּבָרִים. **כִּתְבוּ** בִּלְשׁוֹנֵנוּ. (פָּסוּק כ"ב)

• ______

• ______

9 אֵיךְ יָגִיב ה' עַל דִּבְרֵי מֹשֶׁה, לְדַעְתְּכֶם? ______

______

בַּחֲרוּ צִטּוּט מַתְאִים לַכּוֹתֶרֶת **וְכִתְבוּ** בְּעַמּוּד 99

סוֹף דָּבָר: פֶּרֶק ו׳ פָּסוּק א׳

א׳ וַיֹּאמֶר ה׳ אֶל-מֹשֶׁה:

״עַתָּה תִרְאֶה אֲשֶׁר אֶעֱשֶׂה לְפַרְעֹה,

כִּי בְיָד חֲזָקָה יְשַׁלְּחֵם

וּבְיָד חֲזָקָה יְגָרְשֵׁם[1] מֵאַרְצוֹ.״

[1] **יְגָרְשֵׁם** (ג-ר-ש): יְגָרֵשׁ אוֹתָם
he will drive them out

1. מַהוּ הַחֵלֶק הֶחָשׁוּב בְּיוֹתֵר בַּפָּסוּק, לְדַעְתְּכֶם? **כִּתְבוּ**.

„ “

2. כַּאֲשֶׁר ה׳ אוֹמֵר ״בְּיָד חֲזָקָה״, לְמָה הוּא מִתְכַּוֵּן, לְדַעְתְּכֶם?

3. אַתֶּם מֹשֶׁה. מָה אַתֶּם מְבִינִים וּמָה אַתֶּם מַרְגִּישִׁים אַחֲרֵי דִּבְרֵי ה׳?